Soziale Interaktion

Weitere Informationen zu dieser Reihe finden Sie unter
http://www.springer.com/series/12745

Heinz Bude • Michael Dellwing
Thomas Scheffer • Sebastian Scheerer
(Hrsg.)

Jahrbuch für Soziale Interaktion 1

 Springer VS

Herausgeber
Heinz Bude
Universität Kassel
Deutschland

Michael Dellwing
Universität Kassel
Deutschland

Thomas Scheffer
Johann Wolfgang Goethe-Universität
  Frankfurt am Main
Deutschland

Sebastian Scheerer
Universität Hamburg
Deutschland

Soziale Interaktion
ISBN 978-3-658-10064-3   ISBN 978-3-658-10065-0 (eBook)
DOI 10.1007/978-3-658-10065-0

Die Deutsche Nationalbibliothek verzeichnet diese Publikation in der Deutschen National-
bibliografie; detaillierte bibliografische Daten sind im Internet über http://dnb.d-nb.de abrufbar.

Springer VS

Lektorat: Dr. Cori Mackrodt, Daniel Hawig

Gedruckt auf säurefreiem und chlorfrei gebleichtem Papier

Springer VS ist Teil von Springer Nature
Die eingetragene Gesellschaft ist Springer Fachmedien Wiesbaden GmbH

Inhalt

Editorial

Heinz Bude und Michael Dellwing

Die Zeitschrift *Soziale Interaktion,* die in der vorliegenden ersten Ausgabe als Jahrbuch erscheint, bietet dem Forschungs- und Denkstil des Symbolischen Interaktionismus in deutschen Sprachraum eine Plattform. Seit den 1970er Jahren liegen die entsprechenden Referenztexte von George Herbert Mead, Herbert Blumer, Erving Goffman oder Anselm Strauss in Übersetzung vor. Auch sind in den letzten fünfzig Jahren eine Reihe von davon angeleiteten Untersuchungen entstanden, aber vom Entstehen einer Forschungslandschaft kann in der deutschsprachigen Soziologie keine Rede sein. Hierzu will diese Publikation ihre Dienste leisten.

Damit ist freilich weder das Bekenntnis zu einer Orthodoxie noch die Zementierung eines Ansatzes gemeint. Es geht vielmehr um die Belebung einer Forschungspraxis, die die alltägliche Verfertigung von Vergesellschaftungen durch symbolisch vermittelte Interaktion erkundet. Der Pragmatismus spielt dabei insofern als ein Ensemble von Hintergrundannahmen eine gewisse Rolle als die Vielgestaltigkeit, die Situiertheit und die Vorläufigkeit alltäglicher Aushandlungsprozesse betont wird. Laborstudien aus der Wissenschaftsforschung haben hier genauso ihren Platz wie Studien über Normalisierungspraktiken in Partnerschaften, Rekonstruktionen von Machtbildungen in Kommunen ebenso wie die Nachzeichnung von Vernetzungsaktivitäten im »organisierten Verbrechen«, Mikroanalysen von Rechtsprechungsakten ebenso wie die Verfolgung von Ressentimentbildungen in Grassroots-Bewegungen. Entscheidend sind die Einblicke in die Dynamik, in die Mechanismen und die Struktur von sozialen Verflechtungsvorgängen, die als Ausdruck von systemischen Differenzierungen oder von machtgetriebenen Distinktionen oder von sukzessiven Tauschakten nicht angemessen beschrieben werden können. Natürlich gehen theoretische Motive in die Interpretationen zweiter Ordnung ein, aber die Forschungspraxis nach der Art des Symbolischen Interaktionismus geht auf die Sachen selbst, so wie sie sich im gesellschaftlichen Alltag zeigen. Darstellung, Rechtfertigung, Akzentuierung und Einklammerung sind die Praktiken der Subjekte, die soziologisch reformuliert und rekonstruiert werden. So fundieren sich Untersuchungen, die wir hier veröffentlichen und zur Diskussion stellen wollen, im gesellschaftlichen Leben, das sch immer auch selbst kommentiert und reflektiert.

Das Jahrbuch erscheint unter Mitwirkung eines breiten Kreises deutscher und internationaler VertreterInnen interpretativer Sozialwissenschaft und mit Unterstützung der *Society for the Study of Symbolic Interaction* (SSSI): das vorliegende erste Heft vereint Beiträge, die aus Vorträgen zur zweiten europäischen Tagung der SSSI in Kassel entstanden, mit Originalbeiträgen: Thaddeus Müller und Markus Wiencke haben Beiträge verschriftlicht, die in Kassel präsentiert wurden, Michaela Pfadenhauer, Paul Eisewicht, Tilo Grenz und Helge Peters haben Originalbeiträge verfasst.

Das vorliegende Journal, zunächst als Jahrbuch veröffentlicht, ist doppelt mit der *Society for the Study of Symbolic Interaction,* der wissenschaftlichen Vereinigung der Perspektive, verwoben. Zum einen erscheint dieses Jahrbuch mit offizieller Unterstützung der SSSI als deutsches Journal interaktionistischer Sozialforschung. Zum anderen finden sich in ihr, in dieser wie in folgenden Ausgaben, Beiträge der zweiten internationalen Konferenz der SSSI, die in Kassel unter der Gastgeberschaft von Michael Dellwing und Heinz Bude stattfand. Folgekonferenzen in Rotterdam, Uppsala und Aalborg fanden unter Gastgeberschaft von Thaddeus Müller, Vessela Misheva und Emma Engdahl, respektive, statt; im Sommer 2015 lud Greg Smith nach Salford, UK ein. Aus dieser Reihe von Tagungen ist zwischenzeitlich die *European Society for the Study of Symbolic Interaction* (EUSSSI) hervorgegangen, deren Präsident Andrea Salvini (Università di Pisa) in die US-Organisation eingebunden ist.

Dabei haben wir uns entschieden, keinen Konferenzband zu publizieren, sondern die Konferenzbeiträge mit neuen Beiträge zu vermischen, um eine lebhafte Mischung aus Forschung und Zusammenkunft zu schaffen, angebunden an eine europäische und weltweite Vernetzung von Forscherinnen und Forschern, die sich mit der alltäglichen Verfestigung und Verhandlung der sozialen Welt beschäftigen, ohne dabei jedoch in der Selbstbezeichnung auf die symbolische Interaktion festgelegt sein zu müssen.

Dieses Heft beginnt mit einer Untersuchung von Reklamationshandeln im online-shopping, in dem *Michaela Pfadenhauer, Paul Eisewicht* und *Tilo Grenz* die Interaktivwerdung eines sonst »einsamen« Handelns untersuchen. Die qualitative Untersuchung von Online-Handeln gewinnt immer mehr an Bedeutung; wir leben, arbeiten und kaufen im Netz, und das häufig ohne interaktiv sinnstiftende Interaktion. Interaktionistische Forschung hat in den letzten Jahren weiträumig das Netz erschlossen, von Dennis Waskuls Studien zur Online-Sexualität (2004) und Patrick Williams' und Jonas Smiths Untersuchungen in Online-Multiplayer-Welten (2007) zu Mark Johns' et al. Sammlungen zum Interaktionismus in neuen sozialen Medien (2014). Das Netz birgt neue Formen alter Interaktionen und verschiebt klassische Formen der Interaktion jenseits des face-to-face-Raumes, was neue Strategien und Praktiken erfordet. Die Reklamationssituation führt zu neuen Problemen von Zugang, Problembeschreibung und Kompensation, und die internetbasierte Interaktion gebiert neue Strategien, mit diesen Problemen umzugehen.

In einem Konferenzbeitrag untersucht *Thaddeus Müller* aus Rotterdam die soziale Konstruktion des Stigmas der Innenstadt in ethnografischen Forschungen in den Niederlanden untersucht hat. Müller knüpft an einige der klassischsten Vorläufer interaktionistischer Ethnografie der Chicagoer Schule an, von Park und Burgess *The City* (2012 [1925]) und den Gangstudien, von Thrasher (1927) und Whyte (1996 [1943]) zu Sudhir Venkatesh (2008a, 2008b), und akzentuiert die Multiperspektivität der Innenstadt, die aus verschiedenen Interpretationsgemeinschaften ein anderer sozialer Ort ist, und bindet das an klassische Figurationssoziologische Forschungen an. Die Multiperspektivität ist jedoch von einem Machtgefälle gekennzeichnet; Machtgefälle sind jedoch keine einfach strukturell vorliegende Größe, sondern bedürfen der interaktiven Aktivierung. Müller untersucht die Strategien, die dieses Machtgefälle beständig aktualisieren und nutzen, von der Nutzung der Marktperspektive, dem »telescoping« (das dem pars pro toto in Elias' und Scotsons Figurationsanalyse entspricht), Dekontextualisierung, um soziale Tatsachen in die eigenen Relevanzrahmen einbauen zu können, Symbolisierung und Unterdrückung und Leugnung von Gegendefinitionen. Damit bietet Müller eine starke und leistungsfähige Schablone, mit der auch jenseits seiner lokalisierten Ethnografie Konflikte über die Definition von Stadtteilen bestritten werden kann.

Helge Peters fragt in seiner *keynote address* zur Kasseler Konferenz nach der Rolle der sozialen Kontrolle in der interaktionistischen Devianzsoziologie. Die Devianzsoziologie war seit jeher Triebfeder interaktionistischer Forschungsentwicklung; einige der prominentesten Arbeiten der Schule stammen aus diesem Feld, von Howard Beckers *Außenseiter* (2014 [1963]) über Kai Eriksons *Widerspenstige Puritaner* (1978 [1966]), Jack Douglas' *Deviance and Respectability* (1970), Paul Rock and Mary McIntoshs *Deviance and Social Control* (1974), Edwin Schurs *The Politics of Deviance* (1980), Patti Adlers *Wheeling and Dealing* (1993), Jack Katz' *Seductions of Crime* (1990) und viele mehr. Die soziale Kontrolle als Korrelatsbegriff, der den Fokus auf die Reaktion verschiebt, gehört zu den Kernbausteinen interaktionistischer Soziologie. Peters bietet hier eine Übersicht über Verbindungen und Tendenzen, in denen er vorrangig die Rückkehr punitiver Philosophien, vor allem aber technologierter Kontrolle bemerkt, die die klassischen Kontrollpraktiken zunehmend ersetzen.

Markus Wiencke untersucht in einem Konferenzbeitrag die rituellen Praktiken, mit denen in brasilianischen Tempeln jene behandelt werden, die im Wes-
ten als Fall für die Psychiatrie gälten, ein weiteres Feld, das in interaktionistischer
Forschung immer wieder konstituierendes Thema der Disziplin war, von Thomas
Scheffs *Being Mentally Ill* (1970) über Goffmans Untersuchungen zur Rolle psychi-
scher Symptome in der Verhandlung des Alltags, die sich über all seine Werke ver-
teilen (1961, 1963, 1971), bis zu Linda Morrisons *Talking Back to Psychiatry* (2009).
Seine ethnografischen Untersuchungen nehmen die lokalen Gegebenheiten ernst
und zeichnen nach, wie diese spirituell-rituelle Behandlung als Sinngebung wirkt,
die in der Lage ist, Realitäten zu verschieben. Dabei stößt Wiencke auf drei Phänomene: Die Ordnung der szenisch-körperlichen Praktiken, mit denen ein lo-
kales Verständnis des Leides geschaffen wird; die rituelle Inszenierung flexibler,
fluider Übergänge, die diese Flexibilität auf den Umgang mit Krankheit überträgt;
außerdem der Zugang zu Ressourcen. Wiencke bemerkt, wie diese Alternativen
zu westlich-psychiatrischer Behandlung funktionieren und wirken.

Diese vier Beiträge stellen den Beginn dieses Jahrbuchs dar, decken jedoch in
ihrer Breite wesentliche Felder interaktionistischer Arbeit im 20. und 21. Jahrhun-
dert ab; sie nehmen klassische Themenbereiche auf und führen sie fort, zeigen somit die anhaltende Vitalität und zunehmende Relevanz einer sozialwissenschaftli-
chen Forschung, die die gelebten Realitäten der Teilnehmer sozialer Interaktionen
in den Blickwinkel rückt. Sie bieten damit Ansatz und Ansporn, diese Felder weiter zu beackern, eine Aufgabe, zu dem das vorliegende Jahrbuch und folgende
Ausgaben einen kleinen Beitrag leisten können.

Wir laden AutorInnen ein, an unserem Projekt mitzuwirken. Beiträge für spä-
tere Hefte sind jederzeit an die eingangs publizierten Adressen erbeten. Das gilt
für vollumfängliche Beiträge genauso wie für Rezensionen, Tagungsberichte und
-ankündigungen.

Literatur

Adler, Patricia. 1993. Wheeling and Dealing. New York.
Becker, Howard. Außenseiter. 2014. Wiesbaden.
Erikson, Kai. 1978. Die widerspenstigen Puritaner. Köln.
Goffman, Erving. 1961. Asylums. New York.
Goffman, Erving. 1963. Behavior in Public Places: Notes on the social organization of
    gatherings. New York.
Goffman, Erving. 1971. Relations in Public. New York.
Johns, Mark D., Shing-Ling S. Chen und Laura A. Terlip. 2014. Symbolic Interaction
    and New Social Media. Studies in Symbolic Interaction 43. New York.
Katz, Jack. 1990. Seductions of Crime. New York.

Park, Robert und Ernest Burgess. 2012 (1925). The City. Chicago.
Rock, Paul und Mary McIntosh. 1974. Deviance and Social Control. London.
Scheff, Thomas. 1970. Being Mentally Ill. New Brunswick.
Thrasher, Frederic. 1927. The Gang. Chicago.
Venkatesh, Sudhir. 2008a. Off the Books. The Underground Economy of the Urban Poor. Cambridge.
Venkatesh, Sudhir. 2008b. Gang Leader for a Day. New York.
Waskul, Dennis. 2004. Net. seXXX: Readings on sex, pornography, and the Internet. New York.
Whyte, William. 1996 (1943). Street Corner Society. Chicago.
Williams, John P. und Jonas Heide Smith. 2007. The players' realm: studies on the culture of video games and gaming. Jefferson.

Wenn Online-Shoppen interaktiv wird: Strategien des Reklamierens via Internet

Michaela Pfadenhauer, Paul Eisewicht und Tilo Grenz

Durch die Verbreitung und routinierte Nutzung vernetzter Computer in den Privathaushalten und die medientechnischen Funktionen der Verkaufsplattformen im Internet ist Online-Shoppen zu einer selbstverständlichen Konsumpraxis des modernen Menschen geworden. Dessen Attraktivität resultiert aus der Entgrenzung von Informationssuche, Auswahl, Entscheidung und Kauf nicht nur in räumlicher und zeitlicher, sondern auch in sozialer Hinsicht. In dieser Konsumsituation ist für den Kunden eine soziale Beziehung zum Anbieter(personal) unerheblich und der Konsumvorgang ist im Unterschied zur Beratungs- und Kaufsituation an der Ladentheke *nicht* durch Interaktion gekennzeichnet (Kap. 1). Anders ist dies, wenn Probleme im Prozess des Konsumierens auftreten: Weil die Konsumsituation nun ausgehandelt werden muss, treten Anbieterpersonal und Kunde früher oder später in einen Austausch. Hierfür sind die für Online-Shoppen symptomatischen *Erwartungen* zu differenzieren, deren Enttäuschung eine Reklamation zur Folge haben kann. Reklamieren infolge von Online-Shopping bringt *spezifische Handlungsprobleme* mit sich, die sich in Probleme des Zugangs, der Problemdarstellung und der Kompensationsaushandlung differenzieren lassen (Kap. 2). In Bezug darauf entwickeln Kunden *Handlungsstrategien,* die wiederum als spezifisch für Reklamieren infolge von Online-Shoppen anzusehen sind (Kap. 3). Anzunehmen ist, dass Kunden unter Mediatisierungsbedingungen ihre Voice-Option zunehmend in Anspruch nehmen. In dem Maße, in dem sich zugleich die unternehmerische Marketingpraxis einer individualisierten Kundenansprache annähert und Konsumenten sich zunehmend in Produktionsabläufe einbinden lassen und hierfür Mitspracherechte fordern, stehen der Anbieter-Kunden-Beziehung leidenschaftliche Zeiten ins Haus.

1   Die Sozialität von Online-Shoppen

Einkaufen in einem Ladengeschäft bedeutet In-sozialer-Situation-Sein. Akteure begegnen sich hier in einem bereits mit Bedeutungen versehenen Raum in den sozial definierten Rollen zunächst des (potentiellen) Käufers und Servicepersonals. In der face-to-face-Kommunikation eines Beratungs- oder Verkaufsgesprächs sind sie beide physisch ko-präsent, d. h. sie nehmen sich gegenseitig als verbal, paraverbal und nonverbal ansprechbar wahr (vgl. Goffman 1963, S. 22). Und sie definieren unter Bezugnahme aufeinander und auf institutionalisierte Rollenvorgaben die Situation, in der sie sich – streng genommen: jeweils für sich (vgl. Hitzler 1999) – befinden.[1] Die Rollenvorgaben beinhalten, a) wer, für wen, wann und in welcher Weise zugänglich und damit zuständig ist, b) welche Themen (hier vorwiegend konsumrelevante) im sprachlichen Austausch angemessen sind, und c) welche (a-)symmetrischen Hierarchien (vgl. Pongratz 2005) zum Tragen kommen, wie etwa die, dass der Kunde gewisse Rechte und Freiheiten besitzt (er darf z. B. wenig wissen, Nachfragen stellen usw.), denen Verantwortlichkeiten und Pflichten (Zuvorkommenheit, Angebotskenntnis) des Servicepersonals gegenüberstehen. Der Konsument kann also im Hinblick auf Informationsgewinnung, Entscheidungsfindung und den eigentlichen Kaufakt mit dem damit einhergehenden Zahlungsvorgang typische Handlungs- und Reaktionsweisen vom Anbieterpersonal erwarten (und umgekehrt). Mit dem Konsumvorgang einhergehende Abstimmungsprobleme können allerdings unmittelbar interaktiv geklärt werden, wobei der Kaufinteressent seine Anliegen und Interessen artikulieren und dabei verdeckt oder offen Strategien verfolgen kann, die vom Anbieterpersonal interpretiert und im Interesse der Anbieterorganisation bearbeitet werden können.[2] Selbst wenn ein Beratungs- oder Verkaufsgespräch ausbleibt, interagieren Kunde und Dienstleister spätestens an der Kasse, da sie sich hier direkt *aneinan-*

---

1   Für beide Rollenträger stellt sich fortwährend die Frage, was als nächstes erwartet werden kann (»what's going on here?«), wie ›weiter gemacht‹ werden kann und wie darauf vom Gegenüber reagiert werden wird. Um handeln zu können, müssen die beteiligten Akteure zu einer zwischen ihnen hinlänglich konsensuellen Definition der Situation gelangen und sie interpretieren hierfür fortlaufend Zeichen und Anzeichen, insbesondere die Expressionen ihres jeweiligen Gegenübers, der dasselbe tut. Derart stimmen sie sich – im Rekurs auf Bedeutungen, Erwartungen und Erwartungserwartungen (vgl. Mead 1965, S. 144 ff.; Blumer 2004), also auf gesellschaftliches Regelwissen (Raab 2008, S. 61), ebenso jedoch auf der Basis individuellen biographischen Erfahrungswissens – über die je geltende Situationsdefinition ab.
2   Zur Übersetzung von Kundenaussagen durch Service-Personal in organisational zu verarbeitende Informationen vgl. die Arbeitssoziologie zur Kundenschnittstelle (z. B. Frenkel et al. 1999).

der orientieren, ihr Handeln *wechselseitig* aufeinander beziehen und sich dergestalt in ihrem Folgehandeln *abwechselnd* beeinflussen (vgl. Blumer 2004, S. 327;
Jäckel 1995, S. 467).[3]

Anders stellt sich dies beim Online-Shoppen dar: Unter den diversen elektronischen Vermarktungsformen im Internet[4] zielen Online-Shops darauf ab, die
persönliche Beratungs-, Auswahl- und Kaufsituation des herkömmlichen Bar-
kaufs durch medientechnische Funktionen zu substituieren oder durch ›virtuelle
Berater‹ zu simulieren (vgl. bereits Prus 1993). Unter anderem durch den Einsatz
einheitlicher Seitenarchitekturen und wiederkehrender Navigationselemente, wie
z. B. die Strukturierung nach Produktkategorien, die Bereitstellung von Such- und
Hilfefunktionen, sowie die Vereinheitlichung des Vokabulars (z. B. »Warenkorb«,
»Einkaufswagen«, »Kundenbewertung«, »Empfehlungen«, »FAQ« usw.), soll der
Konsument in die Lage versetzt werden, den Kaufvorgang möglichst intuitiv abzuwickeln. In Bezug auf diese Ausstattungselemente von Online-Shops ist in der
wirtschaftswissenschaftlichen Literatur von »Interaktivität« die Rede (Zentes und
Schramm-Klein 2008, S. 375; vgl. auch Alba et al. 1997; Diehl et al. 2007). Mit diesem Begriff, dessen Nähe zu dem der Interaktion vor allem in den Medienwissenschaften vielfach konstatiert und kritisiert wurde (vgl. Goertz 1995; Quiring und
Schweiger 2006, S. 6; sowie im Überblick Neuberger 2007)[5], ist sowohl die interpersonale Kommunikation durch technische Medien als auch ein (Re-)Agieren
gegenüber technischen Informationssystemen konnotiert.

---

3   Dies gilt selbst für den hochroutinierten Bezahlvorgang an der Supermarktkasse, solange der
    Vorgang nicht vollautomatisiert ist. In wesentlich höherem Maße gilt dies, wenn der Preis
    Verhandlungssache ist.
4   Es hat sich eine Reihe von Diensten professioneller Anbieter und Privatverkäufer zur Infor-
    mationssuche, zum Kauf und zur Bezahlung etabliert, die sich in a) Konsument-zu-Unter-
    nehmen und b) Konsument-zu-Konsument differenzieren lassen (vgl. Müller 1999, S. 215 f.;
    Rebstock 2000). Zu a) zählen »Online-Kataloge«, in denen Anbieter systematisiert Produkt-
    informationen zur Verfügung stellen; »Online-Shops« oder »Online-Stores«, die den elek-
    tronischen Verkauf ermöglichen und für gewöhnlich Funktionen von der Produktauswahl
    bis zur Zahlungsabwicklung bieten; sowie »Electronic Shopping Malls«, in denen mehrere
    Shops auf einer Website verbunden werden. Zu b) werden Internet-Auktionshäuser, aber
    auch so genannte Foren-Marktplätze und andere Verkäufe von privat zu privat gerechnet.
5   Jenseits der Kommunikations- und Medienwissenschaften wird der Aspekt der Interaktion
    im Internet kaum behandelt. Selbst die Beiträge im soziologischen Fachjournal Symbolic In-
    teraction fokussieren mit Fragen der Selbst- und Identitätskonstruktion sowie des Rollen-
    managements in verschiedenen Online-Welten vor allem die Akteursperspektive (vgl. z. B.
    Waskul und Lust 2004; Zhao 2005).

Dabei wird die medial vermittelte Kommunikation an der face-to-face-Kommunikation als kommunikativer Idealform gemessen (vgl. Neuberger 2007, S. 37).[6] Trotz der fehlenden leiblichen Anwesenheit bietet prinzipiell aber auch die »technisch vermittelte interpersonale Kommunikation« (vgl. Höflich 1996, S. 17) die Möglichkeit von Interaktion, allerdings eben unter Abwesenden (vgl. Bochern 1978; Schultz 2001; Höflich 2003, S. 85). Analog zum Telefonieren, allerdings nicht nur in räumlicher, sondern auch in zeitlicher Trennung[7], ermöglichen die für Online-Shops gängigen Kommunikationsdienste wie E-Mail, Chat und Diskussionsforen eine dialogische Kommunikation, d. h. Kommunikationsverläufe, die Frage-Antwort-Sequenzen umfassen, bei denen die für Interaktionen notwendige Wechselseitigkeit des Sprecher/Hörer-Wechsels dem wiederkehrenden Wechsel von Sender und Empfänger entspricht (vgl. Rafaeli 1988, S. 119). Der Vorgang des Online-Shoppens impliziert allerdings vor allem Auswahlentscheidungen (vgl. Goertz 1995), die der Nutzer bzw. Kunde im Zuge von Eingaben trifft. Hier findet also das statt, was im Anschluss an Quiring und Schweiger (2006, S. 10) bestenfalls als »Nutzer-System-Interaktivität« bezeichnet werden kann: Die Eingaben des Nutzers bewirken auf der Shop-Seite als Mediensystem die Darstellung spezieller Inhalte, ohne dass hierbei Sinn generiert wird, der personale Erreichbarkeit und Zugänglichkeit bzw. normativ regulierte Zuständigkeit konstituiert sowie situationsbedingte Abstimmungsprozesse ermöglicht.[8]

Die Verbreitung internetbasierter Dienstleistungen, wie sie für Online-Shoppen erforderlich sind, wird als Rationalisierung der interaktiven »Kundenschnittstelle« (Hanekop/Wittke 2005, S. 195) diskutiert. Mit dem Wegfall des persönli-

---

6 Zu Interaktionen »gehören seit Georg Simmel personale Anwesenheit und Intersubjektivität, und programmatisch formuliert wurde dieses Modell einer Sinn stiftenden Beziehung zwischen *ego* und *alter* im symbolischen Interaktionismus, aber auch die Luhmann-Schule definiert Interaktionssysteme als Kommunikation unter Anwesenden. Technische Vorkehrungen werden dabei kaum reflektiert, in einem Raum, in dem sich alle sehen und hören, benötigt man nicht einmal ein Fernglas oder eine ›Flüstertüte‹« (vgl. Leggewie und Bieber 2004, S. 8).

7 Dies gilt für jede asynchrone, vermittelte Zwei-Weg-Kommunikation (vgl. Hitzler und Möll 2012, S. 277).

8 Das schließt nicht aus, dass hier jemand via dezidiert hierfür zur Verfügung gestellte Kommunikationsdienste (z. B. elektronische Formulare, E-Mail, Beratungshotline, Service-Chat) für Nachfragen prinzipiell erreichbar ist. Ebenso wenig schließt dies aus, dass der Kunde mit seinem Anschaffungs- und/oder Informationswunsch bei einem unbefriedigenden Erfolg eines Online-Shop eine andere Vertriebsform desselben Unternehmens wählen kann, die soziale Abstimmungsprozesse ermöglicht und benötigt (z. B. die telefonische Bestellung). Die parallele Verfügbarkeit verschiedener Betriebs- und Vertriebsformen in ein und demselben Unternehmen wird als »Multi-Channeling« bezeichnet (vgl. z. B. Zentes und Schramm-Klein 2008).

chen (face-to-face oder telefonischen) Kundenkontaktes und dessen Substitution durch technische Systeme ergeben sich weitreichende Konsequenzen für die Dienstleistungsbeziehung und -erbringung, die herkömmlich als Prozess der situativen »Ko-Produktion« von Kunde und Anbieter angesehen wird, an der gelingender Weise beide Parteien physisch, intellektuell und emotional mitwirken müssen (vgl. Gartner und Riessmann 1978; Gross 1983): Im Ersatz der persönlichen Interaktion durch die Mensch-Computer-Schnittstelle und der damit einhergehenden Kundenintegration werde eine »neue Interaktionsform zwischen Anbieter und Kunde« (Hanekop et al. 2001, S. 87) etabliert. Demnach »interagiert [der Kunde] gewissermaßen unvermittelt mit der Organisation des Dienstleistungsanbieters« (ebd., S. 197). Die triadisch gedachte Dienstleistungskonstellation zwischen Anbieterorganisation, Kunde und Anbieterpersonal, bei der letzteres die Ko-Produktion in persönlicher Interaktion bewerkstelligt, werde dadurch zu einer Dienstleistungs-Dyade zwischen Anbieterorganisation und Kunde verkürzt, in der sich letzterer nun ohne »Interpretations- und Übersetzungsleistungen, (…) Orientierungs- und Entscheidungshilfen« (Hanekop und Wittke 2005, S. 197) seitens des Service-Personals in der mitunter unübersichtlichen Angebotspalette der Organisation zurecht finden müsse. Da er diese Interpretations- und Übersetzungsleistungen und zusätzlich Navigationsanstrengungen nun selber erbringen muss, ist seit einigen Jahren von der zunehmenden »Eigenaktivität« bzw. »Eigenarbeit« (vgl. Hanekop et al. 2001, S. 77; ursprgl. Gershuny 1983) des Kunden die Rede. Mit Blick auf das »internetbasierte Ein- und Verkaufen bzw. Er- und Versteigern« gilt der Online-Shopper gleichsam als Paradefall des »arbeitenden Kunden« (vgl. Voß und Rieder 2005, S. 14). Online-Shoppen als webbasierte Dienstleistungskonstellation wird hier als einseitige Aktivität des Kunden anhand einer technischen Benutzeroberfläche betrachtet, bei der dieser bereitgestellte Angebote und Services nicht nur in Anspruch nimmt, sondern mitgestaltet und damit aus der Wertschöpfungskette des Unternehmens ausgelagerte Arbeitsschritte übernimmt. ›Interaktion‹ findet dieser Lesart zufolge hierbei gar nicht (mehr) statt.[9]

Da sich der Kunde beim Online-Shoppen nicht an einem menschlichen Gegenüber orientiert und für gewöhnlich auch gar nicht erwartet, einem solchen zu

---

9   Dementsprechend sind Interaktionen in webbasierten Dienstleistungsbeziehungen in den Forschungszusammenhängen zu »Dienstleistung als Interaktion« (vgl. Dunkel und Voß 2004; Weihrich und Dunkel 2003), »Arbeit in der Interaktion, Interaktion als Arbeit« (vgl. Böhle und Glaser 2006), »interaktive Arbeit« (vgl. Dunkel und Weihrich 2006) und Professionalisierung interaktiver Arbeit, kurz PiA (vgl. Dunkel und Weihrich 2010; Rieder 2009) ein randständiges Thema. Das Interesse liegt hier auf direkt personenbezogenen Dienstleistungen, wie z. B. in der (Alten-)Pflege, im Zugabteil, in Callcentern, Klassenräumen.

begegnen, impliziert diese Art des Einkaufens im Normalfall keine Interaktion. Unter Zugrundelegung eines Verständnisses von ›Interaktion‹ als inter*persona-lem*, d. h. wechselseitig aneinander orientiertem Austausch zwischen füreinander erreichbaren und einander zugänglichen Akteuren ist sowohl die Rede von »Mensch-System-Interaktivität« als auch die einer dyadischen »Dienstleistungs-*beziehung*« bzw. gar Dienstleistungs*interaktion* zwischen Anbieterorganisation und Kunde metaphorisch.[10] Im Umgang mit Expertensystemen entwickeln Kunden unter bestimmten Voraussetzungen offenbar eine Art Systemvertrauen, das dem persönlichen Vertrauen in einen menschlichen Berater nicht unähnlich ist (vgl. nochmals Hanekop und Wittke 2005, S. 210 ff.). Die fortlaufende Entwicklung der Leistungsmerkmale dieser technischen Artefakte zeitigt offenbar zweierlei soziale Konsequenzen: Zum einen eignen sie sich immer besser zur Realisierung von Zwecksetzungen der Hersteller und deren Stakeholder, zum anderen steigt der Einfluss technischer Medien wie Expertensysteme, Softwareagenten und künstlicher ›Berater‹ auf die Handlungsweisen ihrer Anwender, die von professionellen Dienstleistern bis zum Endkunden reichen (vgl. grundsätzlich hierzu Gutmann 2011).

2   Reklamieren als Form sozialen Handelns

An Reklamationsvorgängen infolge Online-Shoppens zeigt sich empirisch, dass neben professionellen Dienstleistern auch Endkunden technische Medien derart zu bedienen lernen, dass sie ihren Zwecksetzungen dienlich sind. Denn Reklamieren ist eine Form sozialen Handelns, bei der ein Kunde zur Kompensation einer Erwartungsenttäuschung in Kontakt mit der Anbieterorganisation tritt, wofür er in der Lage sein muss, spezifische Kommunikationsbarrieren zu überwinden, wenn der vorangegangene Kaufvorgang über eine Mensch-Maschine-Schnittstelle abzuwickeln war.

Reklamieren soll heißen: *die infolge einer Erwartungsenttäuschung mit einer kompensationsintendierenden Problemdarstellung verbundene Kontaktaufnahme*

---

10 Empirisch zeigt sich lediglich, dass Kunden im Zugriff auf Serviceplattformen zumindest zu bestimmten Anbieterorganisationen, nämlich solchen, an die sie durch Verträge mittelfristig gebunden werden, eine »Pseudo-Relationship« (vgl. Hanekop und Wittke 2005, S. 199; im Anschluss an Gutek und Welsh 2000) konstituieren.

des Kunden[11] *mit einem Anbieter*[12] *nach dem Kaufakt*[13]. Reklamieren wird hiermit nicht auf juristische und ökonomische Aspekte verkürzt, da eine Erwartungsenttäuschung aus der subjektiven Wahrnehmung eines Problems resultiert, der ein in juristischer Hinsicht reklamationsfähiger Sachverhalt zugrunde liegen kann, aber nicht muss. Bevor Reklamieren infolge von Online-Shopping im Hinblick auf Probleme des Zugangs, der Problemdarstellung und der Kompensationsaushandlung beleuchtet wird (2.4) und die Strategien zu deren Überwindung aufgezeigt werden (3), sind der Forschungsstand zum Reklamieren (2.1), die empirische Basis, auf der die Erkenntnisse zum Reklamieren infolge von Online-Shopping basieren (2.2) und die Erwartungen beim Online-Shoppen zu klären, deren Enttäuschung ein Reklamationshandeln evoziert (2.3).[14]

2.1 Reklamieren als Forschungsgegenstand

In der deutschsprachigen Soziologie ist Reklamieren generell kaum ein Gegenstand systematischer Betrachtung. Dies gilt auch für die Konsumsoziologie, die hierzulande nicht zuletzt auf Betreiben der in der DGS-Sektion Kultursoziologie beheimateten Arbeitsgruppe Konsumsoziologie in den letzten Jahren einen Aufschwung erfahren hat (vgl. allerdings Eisewicht 2015; zur mediatisierungstheoretischen Reflexion vgl. Eisewicht 2014, S. 88 ff.). In der Dienstleistungssoziologie ist, wie erwähnt, vor allem der Aspekt der Mitwirkung des Kunden an der Dienstleistungserbringung ein Thema (vgl. Weihrich und Dunkel 2003; Dunkel und Voß

---

11 Vom ›Kunden‹ ist im Folgenden nicht als kalkulierbarer Adressat ökonomisch intendierter Angebote, d. h. aus der Perspektive des Anbieters die Rede (vgl. für ein differenziertes Verständnis rationalen Handelns von Handelnden auf Märkten vgl. Prus 1989, S. 133 ff., 2007, S. 496 ff.). Vielmehr wird der Kunde als ein nicht immer rational, immer aber sinnhaft handelnder Konsument verstanden (vgl. Reichertz 2008). ›Kunde‹ ist ein Konsument dann, wenn er, etwa über einen Kaufakt, eine Bindung zu einem Anbieter eingegangen ist.

12 Vom ›Anbieter‹ ist im Folgenden die Rede, wenn auf das Unternehmen als Ganzem abgehoben wird. Da der Konsumvorgang durch unterschiedliche Leistungsanbieter ermöglicht wird, die aus Sicht des Konsumenten zum Teil im Hintergrund agieren, ist dieser streng genommen mit einem *Anbieter-Ensemble* konfrontiert. Typischerweise nimmt der Kunde beim Reklamieren infolge von Online-Shoppen zunächst Kontakt zu demjenigen Part des Ensembles auf, mit dem er im Zuge des Kaufakts in Berührung gekommen ist, und er nimmt im Folgehandeln Bezug auf diesen.

13 Reklamationen schließen an einen vorgängigen Kaufakt an. Sie sind also in der so genannten Nach-Kauf-Phase angesiedelt, die aus Unternehmensperspektive als »after sales service« bezeichnet wird

14 Mit dieser Systematik folgen wir Johnston (2001), der für den Beschwerdemanagementprozess die Subdimensionen »complaining accessibility«, »retailer-costumer-interaction« und »compensation policy« unterscheidet.

2004, Dunkel und Weihrich 2006). Hier wird dieser mitunter durchaus auch als
»Belastungsfaktor« (Rieder und Matuschek 2003; Szymenderski 2004) für den Beschäftigen in Kauf-Verkauf-Interaktionen diskutiert.

In der betriebswirtschaftlichen Beschwerdeforschung sind Reklamationen
demgegenüber unter dem Gesichtspunkt der Marketingoptimierung hinsichtlich der so genannten ›Kundenzufriedenheit‹ virulent. Dies gilt in besonderem
Maße für den Untersuchungszweig des Customer Relationship Management (vgl.
Stauss und Seidel 2002): Obwohl immer mehr Konsumenten die Möglichkeiten
des Web 2.0 zur öffentlichen Kundgabe ihrer Unzufriedenheit nutzen, verzichten aktuellen Studien zufolge nach wie vor viele Anbieter auf ein Beschwerdemanagement, das systematisch den Aspekten Erreichbarkeit, Anbieter-Kunde-
Interaktion und Kompensationspolitik Rechnung trägt (vgl. Domingos Canhoto
und Clark 2011).[15]

In den Sprachwissenschaften und der Linguistik schließlich finden »Reklamationsgespräche« (Schnieders 2005) als ein spezifischer Diskurstyp der Wirtschaftskommunikation Beachtung (vgl. Brünner 2000). Im angelsächsischen
Sprachraum lässt sich ein hohes linguistisches und konversationsanalytisches Interesse an der Gattung der Beschwerde ausmachen, das allmählich auch die On-
line-Kommunikation fokussiert.[16] Allerdings nimmt dieser Diskurs vorzugsweise
öffentliche Beschwerdeäußerungen in den Blick (vgl. Meinl 2010), womit Reklamieren als jene private Beschwerdeäußerung ausgeblendet bleibt, mit der defini-
torisch eine Kompensationsforderung verbunden ist, aus der eine Anbieter-Kun-
den-Interaktion erwächst.

2.2   Empirische Basis

Die folgenden Ausführungen stützen sich auf empirische Befunde eines DFG-geför-
derten Forschungsprojekts zu Handlungsproblemen infolge von Kommunikationsbarrieren beim Online-Shopping und Voraussetzungen für deren Bewältigung.
Darin wurde untersucht, wie Konsumenten Interaktionsprobleme bewältigen,
die daraus erwachsen, dass der Konsumvorgang des Online-Shopping durch eine
Mensch-Maschine-Schnittstelle gekennzeichnet ist. Dafür wurden Handlungsorientierungen, Wissensbestände und Strategien von Konsumenten in Bezug auf
Reklamationsanlässe und -verläufe rekonstruiert. Dabei waren die spezifischen

---

15   Naylor (2003) zufolge wird lediglich auf die Hälfte aller Beschwerden überhaupt reagiert.
16   Vgl. im Überblick und für eine der wenigen Studien Vásquez 2011, S. 1707 ff., mit Verweisen
     auf zwei Qualifikationsarbeiten zu Beschwerden auf elektronischen Bulletin Boards in China
     (Tian 2006) und bei Ebay in Großbritannien und Deutschland (Meinl 2010).

Anforderungen in den Blick zu nehmen, die sich an die Formulierung von Reklamationsanliegen über technische Kommunikationsmedien stellen (vgl. Dürscheid und Brommer 2009). Den Befunden liegen Daten zugrunde, die mittels leitfadengestützter, fokussierter Interviews (vgl. Marotzki 2006; Hopf 2007, S. 353; Helfferich 2005, S. 158 ff.), Ego-Protokollen (Krotz 1999; Pulver 1999; Grenz und Eisewicht 2010) und teilnehmender Beobachtung (Lüders 2007, S. 385 ff.; Bohnsack 1999, S. 146; Girtler 2001, S. 65–146) von Reklamationen in Ladengeschäften erhoben wurden. Zu allen Interviews und Beobachtungen, die mehr als 50 Stunden aufgezeichnetes Gesprächsmaterial in Form von Transkripten umfassen, liegt der Schriftverkehr zwischen den befragten Personen und der Anbieterorganisation sowie als ergänzendes Material die quasi-öffentliche Schilderung von Reklamationsvorgängen in Foren und Blogs vor, wobei der gesamte Datensatz mittels MaxQDA 2010 verwaltet wurde.

Die unterschiedlichen Verfahren zielten darauf ab, triangulativ möglichst umfassend Daten zu den von Konsumenten durchgeführten Teilschritten des Reklamierens zu gewinnen:[17] Über die Interviews konnten die den Praktiken zugrunde liegenden Wissensbestände sowie generelle Einstellungen und Einschätzungen der Konsumenten zu den Reklamationsabläufen rekonstruiert werden. Die Protokolle der Selbstbeobachtung halfen ergänzend dabei, beiläufig ablaufende Denk- und Handlungsschritte möglichst zeitnah zu erfassen, die über Interviews kaum zugänglich sind. Mit den Protokollen und Audioaufzeichnungen teilnehmender Beobachtung konnten Reklamationen, die über technische Kommunikationsmedien abgewickelt wurden, mit solchen kontrastiert werden, die vis-á-vis an der Ladentheke abgelaufen sind.

Zur Integration der unterschiedlichen Textsorten sowie zu deren Auswertung im Hinblick auf Praktiken und den ihnen zugrunde liegenden Handlungsorientierungen und Wissensbestände ist das Verfahren der Grounded Theory nach Anselm Strauss und Juliet Corbin (1990) zur Anwendung gekommen (vgl. Strübing 2004; Böhm 2007). Denn hiermit liegt ein detailliertes Arbeitsprogramm zur Erhebung und Auswertung unterschiedlicher Datensorten vor, das dezidiert auf das Zusammenspiel von Handlungsweisen und Wissensbeständen in sozialen Situationen abhebt. Die Konzepte des »theoretischen Sampling« (Strauss und Corbin 1990, S. 176 ff.), der »theoretischen Sensitivität« (ebd., S. 41 ff.) und die »coding procedures« (ebd., S. 57–194), deren Ergebnisse zusammen mit den damit einhergehenden Schritten der Hypothesenbildung in einem Forschungstagebuch fixiert

---

17 Und damit ebenso den jeweiligen Blindstellen, Verkürzungen, also den inhärenten Problemen der jeweiligen Methode entgegenzuwirken. Siehe zu Interviews Mey 2000, zu Ego-Protokollen Burkart 1999, sowie zur teilnehmenden Beobachtung Münst 2010, S. 383.

werden, ermöglichen die empiriegeleitete Theoriebildung im Rahmen eines explorativ-interpretativen Forschungsdesigns (vgl. Hildenbrand 2007, S. 40 ff.).

2.3   Erwartungen beim Online-Shopping

Unter Online-Shopping verstehen wir den Erwerb von Konsumgegenständen via Internet. Unter ›Konsumgegenstand‹ fassen wir sowohl materiell-dingliche als auch immaterielle Güter, also Produkte (goods) und Dienstleistungen (services). Online-Shopping erweist sich folglich als ein mehrschichtiges Dienstleistungsfeld: zum einen kann der Erwerb einer Dienstleistung (= manifester Service) intendiert sein; zum anderen nimmt der Kunde wissentlich oder unwissentlich Dienstleistungen in Anspruch, die mit der Präsentation von Angeboten, deren Zu- bzw. Bereitstellung und der Abwicklung des Bezahlvorgangs verbunden sind (= latenter Service). Hiervon sind drittens schließlich Dienstleistungen der Kundenberatung und -betreuung vor, während und nach dem Konsumvorgang zu unterscheiden (= Support).

Vor diesem Hintergrund lassen sich folgende Erwartungen des Kunden beim Einkaufen im Internet differenzieren, deren Enttäuschung zum Anlass für eine Reklamation werden kann:

a) *Produktbezogene Erwartungen,* die durch vom Kunden als solche wahrgenommenen Mängel des Konsumgegenstand enttäuscht werden;

b) *Transaktionsbezogene Erwartungen,* die durch Komplikationen mit der Rechnung und/oder der Bezahlung enttäuscht werden (wenn etwa zu viel oder zu früh abgebucht wird). Hierzu zählen auch die Fälle bei denen Rechnungsbeträge für Konsumgegenstände gefordert werden, die der Konsument nicht gekauft und/oder bestellt hat bzw. zu haben meint;

c) *Distributionsbezogene Erwartungen,* die durch Komplikationen bei der Lieferung, d. h. bei der Zustellung von Produkten bzw. der Bereitstellung von Services enttäuscht werden. Hierunter fällt auch, wenn Produkte verspätet, nur teilweise oder gar nicht geliefert wurden.

d) *Sozialbezogene Erwartungen,* die im Zuge der Geschäftsabwicklung enttäuscht werden (wenn etwa Abwicklungsbestätigungen, Zusagen, Versprechungen, aber auch die Behandlung der eigenen Person und Wünsche seitens des Anbieters nicht den Erwartungen des Kunden entsprechen).

e) *Einstellungsbezogen:* Hiermit sind Probleme bezeichnet, die aus einer diffusen Erwartungslage des Kunden resultieren (wenn etwa das, was bestellt und bezahlt wurde, doch nicht bzw. nicht mehr gewollt wird, oder mit der Bestellung verbundene diffuse Wünsche nicht erfüllt wurden).

Der Initiation einer Reklamation, die stets von Seiten des Kunden erfolgt, geht also eine Erwartungsenttäuschung[18] voraus, deren Stichhaltigkeit in folgender Hinsicht erwogen wird:

a) *Sachbezogen:* Ist die Erwartungsenttäuschung hinsichtlich des Konsumproduktes begründet (z. B. funktioniert der erworbene Mp3-Player mit Blick auf die persönliche Verwendungsintention)?

b) *Sozialbezogen:* Ist man, vor allem im Hinblick auf die Angaben auf der Website, angemessen behandelt worden (z. B. wurde eine Funktion des Mp3-Players auf der Seite des Online-Shops angepriesen, die dann allerdings nicht vorhanden ist)?

c) *Selbstbezogen:* Resultiert die Erwartungsenttäuschung aus der eigenen unsachgemäßen Handhabung des Konsumprodukts (z. B. ist die Bedienungsanleitung richtig verstanden worden)?

In der Folge dieser sach-, sozial- und selbstbezogenen Erwägungen, d. h. aus der Interpretation der Erwartungsenttäuschung konstruiert der Kunde einen Reklamationsanlass und entschließt sich zur Kontaktaufnahme mit dem Anbieter, um diesem gegenüber eine Beschwerde vorzubringen, die er mit einer Kompensationsforderung verbindet.[19] Zumindest hinsichtlich der Initiation der Reklamation handelt es sich um eine den Kunden begünstigende asymmetrische Konstellation, insofern er einen gegenstandsbezogenen Wissensvorsprung hat, d. h. nur er die tatsächlich vorliegenden Mängel kennt und das Problem, ggf. unter Hinzuziehung von Expertenwissen, seinen Intentionen entsprechend darstellen kann.[20] Grundsätzlich ist jedoch gerade der Fernhandel durch eine asymmetrische Wissens- und Ressourcenverteilung zugunsten des Anbieters gekennzeichnet, da nur

---

18   Auf die Erwartung eines Ereignisses und deren › Verletzung‹ als maßgeblicher Auslöser einer Beschwerde (»complaint«) weisen bereits Olshtain und Weinbach (1987) hin.

19   Während Vásquez (2011) im Fall der Internet-Reiseinformationsquelle TripAdvisor Online-Beschwerden im weiten Verstande untersucht hat, die sich proportional überdurchschnittlich als »indirect complaints« erweisen, da sie überwiegend andere Reisende (anstelle von Reiseanbietern, Hoteliers etc.) adressieren, fokussieren wir mit Reklamationen »direct complaints«, die aufgrund den ihnen inhärenten Kompensationsforderungen Beschwerden im engeren Sinne darstellen.

20   Das hat Konsequenzen für das herkömmliche Verständnis der Kundenbeziehung als Dienstleistung: zwar muss der Kunde typischerweise auch in der Reklamationssituation › mitspielen‹, um seine Wünsche und Anliegen realisieren zu können (vgl. Gartner und Riessman 1978; Gross 1983; Hellmann 2005, S. 111); er handelt jedoch mit der begründeten Annahme, seinen Teil der Abmachung bereits erfüllt zu haben. Mit anderen Worten: der Konsument als Kunde hat gewählt, bestellt und bezahlt, die erwartete Gegenleistung dafür jedoch nicht erhalten.

dieser den Zustand und Funktionsumfang eines Produkts bzw. die Leistungselemente ein Service vor der Zustellung kennt. Überdies sind die Modalitäten der Kaufabwicklung organisational vorbestimmt und im genauen Ablauf nur dem Anbieter (-ensemble) bekannt. Des Weiteren bestehen in der Organisation, selbst dann, wenn diese kein Beschwerdemanagementsystem vorsieht, Routinen, Ressourcen (z. B. professionelles Personal, finanzielle Mittel, Rechtsabteilungen usw.), und Normierungsmöglichkeiten zur Bearbeitung von Reklamationen: z. B. dahingehend, ob und wenn ja, über welche Kommunikationskanäle (z. B. postalisch, über eine gebührenpflichtige Hotline usw.) hier jemand adressierbar bzw. erreichbar ist. Und schließlich obliegt es der Anbieterorganisation, ob jenseits juristischer Vorgaben informelle Kulanzspielräume im Rahmen der Kompensations-Policy (vgl. nochmals Domingos Canhoto und Clark 2011) vorgesehen werden.

2.4   Reklamieren infolge von Online-Shopping

Reklamieren infolge von Online-Shopping bringt *spezifische Handlungsprobleme* mit sich, die sich in Probleme des Zugangs, der Problemdarstellung und der Kompensationsaushandlung differenzieren lassen. Die Spezifik resultiert daraus, dass Kunden, die online ein Konsumgut erworben haben, bei auftretenden Problemen – welcher Art auch immer – elektronische Kommunikationsdienste als Kommunikationskanal wählen (müssen).

2.4.1 Das Problem des Zugangs

Im Unterschied zur Ladenadresse markiert die Webadresse eines Online-Shops keinen physischen Ort, den der Kunde im Problemfall aufsuchen kann. Im Unterschied zur Postadresse eines Versandhandels ist die URL eines Online-Shops auch nicht direkt adressierbar. Vielmehr muss dessen Seitenarchitektur auf eine Adresse hin durchsucht werden, die häufig über einen vorgegebenen Kommunikationsdienst angesprochen werden muss. Im Laden vor Ort kann sich eine Kontaktaufnahme, z. B. aufgrund von Personalknappheit und mangelnder Serviceorientierung zwar schwierig gestalten, aber sie kann nicht verhindert werden. Im Online-Shop kann die Kontaktaufnahme demgegenüber dadurch erschwert sein, dass gar kein oder lediglich ein formalisierter Kontaktweg (z. B. ein Online-Formular) vorgesehen wird. Das Zugangsproblem zum Anbieter in Online-Konstellationen veranschaulicht folgender Fall:

> »Ich hab es über die Web-Seite versucht, aber die Auftragsnummer die ich ge-
> kriegt hab die man dort auf der Web-Seite, da kann man dann eben einfach
> normalerweise eingeben, wer man ist und muss aber seine Auftragsnummer ein-
> geben, und da kam dann immer dass die Authentifizierung fehlgeschlagen ist,
> dass ich also keine e-mail hinschicken kann, dann wollte ich da anrufen das hat
> auch nicht geklappt, und dann hab ich ein Fax aufgesetzt, hab es hin faxen wol-
> len, kam auch eine fehlerhafte Meldung dass das Fax nicht versendet werden
> konnte« (Interview 3)[21]

Häufig wird auf Websites von Online-Shops also durchaus eine Kontaktmöglich-
keit offeriert, über die sich aber keineswegs problemlos ein Zugang zum Anbieter
eröffnet, weil die Kontaktadressen intendiertermaßen oder aufgrund technischer
Probleme ins Leere laufen. Empirisch zeigt sich, dass Kunden viel Aufwand betreiben, um dennoch einen Weg zu finden, (zunächst nur) ihr Anliegen vorzubringen.

Wie der Fall zeigt, wird Kunden aber nicht selten sogar über verschiedene
Kommunikationsdienste (Online-Formular, E-Mail, Telefon, Fax, zunehmend
auch Chat usw.) ein Zugang angeboten. Allerdings sind die Kommunikationswege
eben jeweils mit spezifischen Implikationen versehen: Online-Formulare zwin-
gen meist zur Auswahl von Kategorien in Pulldown-Menüs, der Email-Kontakt
wird nicht selten durch do-not-reply-Meldungen reguliert, Hotlines wie Chats sehen bestimmte Zeiten der Erreichbarkeit vor usw. Noch wesentlicher ist, dass mit
jeder Wahlmöglichkeit Distanzkommunikation impliziert ist.[22] Im Gegensatz zur
Situation im Laden bringt Distanzkommunikation die Ungewissheit mit sich, ob
die Kontaktaufnahme erfolgreich war. Erst mit einer anbieterseitigen Reaktion auf
die Kontaktaufnahme kommt aber ein wechselseitiger Austausch in Gang. Diese
setzt einen Erstkontakt voraus, bei dem der Kunde auf eine per E-Mail oder Online-Formular gestellte Anfrage eine Antwort erhält, in der ihm die Bereitschaft
signalisiert wird, sich dem Anliegen zumindest zuzuwenden.

---

21 Kommata in den Interviewauszügen kennzeichnen kurze Pausen während des Gesprächs.
    Im Falle von Material (z. B. E-Mails) ist die Kommasetzung des Verfassers beibehalten wor-
    den.
22 Anders ist dies in Fällen, in denen Anbieter neben Verkaufsräumen einen Online-Vertriebs-
    weg unterhalten. Hier suchen Kunden nicht selten den direkten Kontakt zum Service-Perso-
    nal vor Ort. Anbieter reagieren auf diese »Zusatzbelastung«, indem sie die Vertriebswege an
    separate (Sub-)Unternehmen delegieren, womit eine Inanspruchnahme von Support-Leis-
    tungen vor Ort für online getätigte Einkäufe formal unterbunden werden soll. Empirisch
    zeigt sich, dass diese Reklamationsstrategie durchaus erfolgreich sein kann.

2.4.2 Das Problem der Problemdarstellung

Auch wenn Kunden empirisch die Kontaktaufnahme bereits mit der Darstellung
ihres Falls verknüpfen, bildet die durch eine Rückantwort als erfolgreich erkenn-
bare Kontaktaufnahme analytisch die Voraussetzung dafür, sein Problem bzw. ge-
nauer: seine Problemsicht zu präsentieren. Im Unterschied zur Reklamation an der
Ladentheke ist der Vorgang des Reklamieren infolge von Online-Shopping schon
im einfachsten Fall eines (grundsätzlich oder durch den Transport oder durch die
Inbetriebnahme) beschädigten Konsumguts dadurch erschwert, dass das »schadhafte Objekt« (vgl. Goffman 1973, S. 313) nicht demonstrativ in die Situation ein-
gebracht – das Kleid nicht auf die Ladentheke gelegt, der Mp3-Player nicht vorgeführt – werden kann. Darin besteht der wesentliche Unterschied zur von Goffman
konzipierten und in der neueren Dienstleistungssoziologie fokussierten Dienst-
leistungssituation: Denn diese umfasst in Form einer Dreiecksbeziehung (a) den
Klienten oder Eigentümer, (b) den professionellen Dienstleister und (c) das Objekt (vgl. Goffman 1973, S. 309; Dunkel et al. 2004, S. 17).[23] Wie bei telefonischen
Beschwerden ist beim Reklamieren infolge von Online-Shopping das schadhafte
Objekt demgegenüber nicht präsent, sondern muss vergegenwärtigt werden. D. h.
ein Problem, das sich dem Kunden materiell und sinnlich darstellt (wie z. B. ein
eingelaufenes Kleid, ein beschädigter Mp3-Player) muss in jeder Form von Distanzkommunikation verbalisiert bzw. vertextet werden. Allerdings stellt Schrift-
lichkeit gegenüber Oralität andere und für den Normalkunden in der Regel gestei-
gerte Anforderungen an das Ausdrucksvermögen, weshalb dieser sich nicht selten
der Möglichkeit bedient, Bildmaterial in seinen Text zu integrieren und den Sachverhalt dergestalt zu visualisieren. Überdies müssen die vom Anbieter gesendeten
Antworten de-kodiert, d. h. – auch hinsichtlich ihres verklausulierten juristischen
Sachverhalts – entschlüsselt werden, wofür eine gewisse Lesefähigkeit bezüglich
des (Sub-)Textinhalts und der kommunikationsformspezifischen Eigenheiten,
z. B. E-Mail-Header, Signaturen, erforderlich ist.

  Wie folgender Fall zeigt, ist vor dem Hintergrund der sich – in Richtung einer
quantitativ erhöhten und zunehmend individualisierten Kundenansprache mittels elektronischem Schriftverkehr – wandelnden Marketingpraxis (vgl. McMillan
und Hwang 2002; Zentes und Schramm-Klein 2008, S. 372 ff.) noch grundlegen-
der ein Registrieren dessen erforderlich, dass man überhaupt als Kunde mit seinem Reklamationsfall adressiert wird.

---

23 Für eine adäquate Perspektive auf die technisch vermittelte Interaktion vgl. die in diesem
   Forschungskontext entstandenen Call-Center-Untersuchungen vgl. Holtgrewe 2003.

> *»Außer dass diese Emails auf meinen Email-Account gelaufen sind, aber da [Service-Anbieter] ungefähr jeden zweiten Tag eine E-Mail mit irgendwas, ›Bewerten sie dies.‹ und ›Hier neues Angebot‹, ist eigentlich bei mir so die Masche als gelesen markieren, vergessen, so ist diese Email irgendwie untergegangen und irgendwann ging einfach in meiner WG das Internet und Telefon nicht mehr.« (Interview 22)*

Hier erweist sich das oben beschriebene Zugangsproblem insofern als verschärft, als der Kunde nicht nur klären muss, wen er adressieren muss, sondern als sich ihm im Weiteren auch nicht erschließt, dass er selbst adressiert wurde. Im Unterschied zur Situation an der Ladentheke, in der der kommunizierte Inhalt para- und nonverbal eingebettet ist, woraus sich dem Kunden unmittelbar erschließt, dass er sich in einer Interaktionssituation befindet, ist es in einer medial vermittelten Konstellation folglich unwahrscheinlicher, dass eine wechselseitige Kommunikation überhaupt zustande kommt.

Im Falle ihres Zustandekommens weist sie Besonderheiten im Hinblick auf (1) *Zeitlichkeit,* (2) *Wechselseitigkeit* und (3) *Personalität* auf:

1) Charakteristisch ist zunächst die Asynchronität der Reklamationsinteraktion: So kann auf eine vom Kunden verfasste Mail nach einigen Stunden zunächst eine automatische Rückantwort der Service-Abteilung erfolgen. In einer einige Stunden später eingehenden Mail können z. B. Produktcodes ebenso wie persönliche Daten abgefragt werden, die der Kunde entsprechend beantwortet. Nach einigen Tagen erhält er daraufhin einen Anruf, in dem ihm mitgeteilt wird, dass seinem Wunsch auf Rückerstattung des Kaufbetrages entsprochen wird, falls er bestimmte (Eigen-)Leistungen (Rücksendung, nochmalige Mitteilung der Bankverbindung etc.) erbringt. Eine Reklamationsinteraktion, die als »mediatisierte Verständigung« (vgl. Schultz 2001) durch den Kunden in Gang gebracht wurde, schließt potentiell also einen Wechsel zwischen Kommunikationsdiensten, und damit in der Regel auch des Gegenübers ein.
2) Auch in Fällen, in denen der Interaktionspartner wechselt, ja selbst dann, wenn der Kunde nicht mit einem menschlichen Gegenüber[24] konfrontiert ist, »interpunktiert« er die kommunikative Abfolge als Interaktions-Teilschritte

---

24 Während Kunden dann, wenn sie sich an den so genannten »Customer Support« wenden, in der Regel ein konkretes Gegenüber erwarten, handelt es sich hierbei häufig um automatisierte Dienste (Website-Bereiche wie z. B. »FAQ«, automatisch generierte Antwortschreiben auf Eingaben in Online-Formulare etc.), die als allgemeine Anlaufstelle für Kundenanfragen eingerichtet werden (vgl. El Sawy und Bowles 1997).

(Watzlawick et al. 2000, S. 57), d.h. als eine Interaktionskette. Deren spezifische Zeit- und Ablaufstruktur eröffnet ihm jenseits der Notwendigkeit, die
Fallgeschichte permanent re-aktualisieren zu müssen, was insbesondere Konsequenzen für eine emotionalisierte Problemdarstellung hat (vgl. Kapitel 3.2),
auch Reflexionsfreiräume. Zudem wird der elektronische Austausch, d.h. der
Verlauf der Konversation, für beide Seiten (z.B. im E-Mail Client) automatisch archiviert, was die Dokumentation des Vorgangs dem Anbieter oder auch
Dritten (z.B. Rechtsexperten) gegenüber und damit die sachliche Problemdarstellung (vgl. nochmals Kapitel 3.2) erleichtert.

3) Die für Online-Shopping typischerweise über eine Mensch-Maschine-
Schnittstelle, d.h. über die Web-Oberfläche samt ihrer Navigationselemente
vermittelte »Mensch-Maschine-Interaktivität« (vgl. Kapitel 1) wird im Rekla-
mationsvorgang typischerweise früher oder später um einen Service-Mitarbeiter erweitert, d.h. in technisch vermittelte Interpersonalität verwandelt. Auch
wenn Kundenfreundlichkeit und Serviceorientierung als Beweggrund hierfür nicht ausgeschlossen werden kann, ist dies funktional darauf zurückzufüh-
ren, dass sich die Abfrage spezifischer Sachverhalte und deren Bewertung im
Hinblick auf die Legitimität der Kompensationsforderung in der Regel nicht
technisch-automatisiert, z.B. mittels automatisch generierter Antworten auf
Problemschilderungen bewerkstelligen lässt. Vielmehr erfordert die Bearbeitung des Vorgangs eine Individualkommunikation.

2.4.3 Das Problem der Kompensationsaushandlung

Erst mit der Einmündung der erfolgreichen Kontaktaufnahme in technisch vermittelte Interpersonalität konstituiert sich eine *soziale* Situation. Trotz der anbie-
terseitig vorstrukturierten Reklamationsabläufe und -entscheidungsschritte kann
prinzipiell *jede* kundenseitige Erwartungsenttäuschung zum Verhandlungsgegenstand einer Reklamation werden. D.h., Reklamationen sind im Unterschied zu
Kaufsituationen hochgradig aushandlungsbedürftig (hinsichtlich: Anlass, Forderung und Verantwortlichkeit).

Im Unterschied zur Beschwerde im Allgemeinen ist beim Reklamieren eine
Kompensation intendiert. Hierfür muss der Kunde nicht nur einen leistungs-
bezogenen Sachverhalt als defizitär artikulieren, die von ihm beanstandete Ab-
weichung vom Leistungsversprechen muss überdies akzeptiert werden. Aus seiner Sicht verläuft die Interaktion dann ideal, wenn seine Problemartikulation zum
von ihm beabsichtigten Ergebnis führt. Das heißt in der Regel: wenn seiner Kompensationsforderung möglichst umstandslos entsprochen wird. Den Gegensatz zu
einem solchen »bestätigenden Austausch« (vgl. Goffman 1982, S. 99) bildet der

Ablehnungsbescheid, der den Kunden zum Abbruch der Reklamation oder zum Einspruch motivieren kann, wobei letzterer wiederum mehrere Interaktionszüge nach sich ziehen kann.

Symptomatisch für den Prozess der Kompensationsaushandlung ist zum einen der Wechsel des Interaktionspartners im Zuge des betriebsinternen Weiterleitens (z. B. einer E-Mail), der nur manchmal ausdrücklich mitgeteilt wird: Unsere Befunde weisen darauf hin, dass Anbieter beim elektronischen Schriftverkehr nicht selten auf eine derartige Metakommunikation verzichten. Über die in Customer Relationship-Abteilungen üblichen Datenbanksysteme kann der jeweilige Bearbeiter zwar per Kundennummer die Vorgeschichte einsehen, soweit diese darin dokumentiert ist. Der Kunde wird jedoch im Unklaren darüber gelassen, ob sein je aktuelles Gegenüber tatsächlich durchgängig derselbe Interaktionspartner ist. Mitunter strengt er aber auch seinerseits einen Wechsel des Partners, z. B. vom Service-Mitarbeiter zum Vorgesetzten an, d. h. zu einem statushöheren Gegenüber mit entsprechend größeren Befugnissen. In beiden Fällen sieht er sich wie beim wiederholten Anruf bei einer Support-Hotline oder der telefonischen Weiterleitung im Call Center vor die Notwendigkeit gestellt, den Gegenstand der Reklamation situativ immer wieder (neu) darzustellen.

Symptomatisch für die Computer Mediated Communication ist zum anderen der Wechsel der Kommunikationsdienste, wenn etwa zunächst per Email und schließlich per Telefon verhandelt wird. Dieses Spektrum an Kommunikationskanälen hat sich in den letzten Jahren mit dem elektronischen Formular, insbesondere aber mit Support-Chat, Twitter-Support und vom Anbieter moderierten Support-Foren nochmals erweitert (vgl. Kapitel 3.3). Mattila und Wirtz (2004) zufolge wählen Kunden, die nur oder vor allem ihre Erwartungsenttäuschung zum Ausdruck bringen wollen, den Brief oder die E-Mail als Kommunikationsformat, während sie, wenn sie auf eine Kompensation abzielen, die direkte Interaktion face-to-face oder via Telefon präferieren. Unseren Befunden zufolge erfolgt die Wahl des Kommunikationskanals beim Reklamieren infolge von Online-Shopping weniger entlang formal vorgegebener Kommunikationswege, die zu umgehen sich Kunden durchaus als findig erweisen, denn entlang idiosynkratischer Präferenzen und individueller Kompetenzen sowie dem jeweiligen Kontext entsprechend (z. B. Aspekten der Dringlichkeit etc.).

Typische Gegenstände der Aushandlung sind

a) die *Zuständigkeit* des adressierten Gegenübers (liegt z. B. das Verlustiggehen einer Sendung in der Schuld des Anbieters oder aber der Zustellfirma),
b) die *Triftigkeit* der Erwartungsenttäuschung (verfügt ein erworbenes Gerät überhaupt über die vom Kunden erhoffte Funktion und/oder wurde ihm diese in Aussicht gestellt),

c) die *Legitimität* der Kompensationsforderung (ist z. B. die Forderung eines Aus-
tauschgeräts rechtmäßig oder kann der Anbieter ein Recht zur Ausbesserung
in Anschlag bringen) und
d) der *Umfang* der Kompensation (müssen z. B. anfallende Kosten für die Zustellung beim Austausch eines Gerätes vom Kunden oder dem Anbieter getragen
werden?).

Allgemeiner Gegenstand der Aushandlung ist die in der Vorgeschichte des Kauf-
vorgangs gründende Frage, ob die artikulierte Erwartungsenttäuschung begründet und die Kompensationsforderung gerechtfertigt ist. Insofern die Aushandlung
also durch spezifischere »Abstimmungsprobleme« (Weihrich und Dunkel 2003;
vgl. auch Dunkel et al. 2004, S. 16) als jene gekennzeichnet ist, die sich im Zuge
der für Dienstleistungen symptomatischen Ko-Produktion zwangsläufig ergeben,
insofern die Kauf- und Reklamationssituation folglich als verschränkt anzusehen
sind, konstituiert Reklamieren eine spezielle Form beratungs- und betreuungs-
orientierter *Dienstleistungsinteraktion,* die es unseres Erachtens rechtfertigt, Reklamation als eigenständigen Dienstleistungsinteraktionstypus zu fassen.

3   Strategien des Reklamierens

In der Reklamationsinteraktion als durch spezifische Abstimmungsprobleme ge-
kennzeichneter Typus der Dienstleistungsinteraktion agieren Kunden unseren
empirischen Befunden zufolge auf eine Weise, die es uns zumindest in manchen
Fällen als gerechtfertigt erscheinen lässt, hierbei von strategischem Handeln zu
sprechen. Als »strategisch« lassen sie sich diese Problembewältigungen insofern
charakterisieren, als sie, auf Bewertungen von Erfahrungen ebenso wie auf Rou-
tinewissen rekurrierend, – auf mehrere Interaktionszüge angelegt – aber auch si-
tuationsreagibel (also sozusagen ›taktisch‹) modifizierbar sind. Als handlungs-
leitend lassen sich dabei folgende Strategiefragen rekonstruieren, die durch die
vorab skizzierten Probleme beim Reklamieren infolge des Online-Shoppings auf-
geworfen werden:

1) An wen wende ich mich unter welchen Umständen bzw. wen erachte ich wann
   und wofür als zuständig *(Adressierung)?*
2) Wie präsentiere ich unter welchen Bedingungen wem gegenüber mein Problem und meine Forderung *(Darstellung)?*
3) Wie kann ich meine Forderung unter Berücksichtigung wovon und unter Hin-
   weis(en) worauf durchsetzen *(Aushandlung)?*

3.1 Strategien zur Überwindung des Zugangsproblems

Bei der Entscheidung, an welche Stelle Kunden eine Reklamation infolge von On-line-Shopping adressieren, spielt der Aspekt der Zuständigkeit gegenüber dem der Erreichbarkeit eine nachgeordnete Rolle: D. h. die Frage: Wen kann, darf, soll ich mit meinem Produkt- bzw. Service-Defizit adressieren? wird durch die Frage ersetzt: Wie wende ich mich unter welchen Umständen an wen mit der größten Aussicht, überhaupt Gehör zu finden? Hierbei kommen spezifische *Suchstrategien* und *Maßnahmen* der *Personalisierung* zum Einsatz.

> »[...] und ich wollte auch einmal was kündigen und du hast dort keine Mög-lichkeit denen zu mailen, findet man nicht, also man findet dort Kontakt ganz schlecht und du findest keine Mailadresse wo du denen mailen kannst, und dann habe ich einfach dem Pressesprecher von Z [= Internet-Service-Anbieter] ge-mailt, habe ich in der Presse rausgesucht und habe gesagt ›Ich finde das eine Unverschämtheit, dass [Internet-Service-Anbieter] mir Mails schickt, und ich denen keine schicken kann‹.« (Interview 1)

Der Interviewausschnitt illustriert zunächst, dass die Kontaktaufnahme mit dem Anbieter nach dem Online-Shoppen (hier: dem Abonnement eines Services) oft-mals als schwierig empfunden wird. Entweder finden sich gar keine Zugänge oder es finden sich nur solche, deren Nutzung einen gewissen Aufwand mit sich bringt (postalische Adresse; kostenpflichtige Hotline), oder es finden sich keine dezidier-ten Angaben zu Kontakt*personen* auf der Internetseite, über die das Konsumgut erworben wurde. Der Kontaktaufnahme geht also die Suche nach einer einschlä-gigen Abteilung, z. B. den allgemeinen Support, oder aber nach einer namentlich adressierbaren Person – im Fallbeispiel den Pressesprecher des Unternehmens – voraus. Professionelle Anbieter-Websites weisen jenseits der Support-Anlaufstelle weitere Unternehmensbereiche (z. B. »Presse«, »Unternehmensführung« usw.) mit dem jeweiligen Leitungspersonal aus. Es ist nicht zuletzt die Niedrigschwellig-keit der elektronischen Kommunikation, die Kunden – im Verein mit der Dring-lichkeit und/oder der Emotionsgeladenheit des Anlasses – mitunter dazu veran-lasst, ihr Anliegen direkt an derlei Funktionsträger zu adressieren. Eine solche *Strategie personalisierter Adressierung* basiert darauf, dass der Kunde, wie im ange-führten Fall, bestimmte Erwartungen an eine Funktionsrolle hat, die sich aus An-nahmen über deren Position oder Hierarchiestufe und – davon abgeleitet – über deren Zuständigkeit bzw. Einflusspotentiale speist.

Häufig ist mit der Entscheidung, eine konkrete Person zu kontaktieren, aber auch einfach der Wunsch verbunden, von ›Mensch zu Mensch zu sprechen‹. Da-von versprechen sich Kunden eine individuelle Bearbeitung ihres Problems (vgl.

auch Kleemann et al. 2004, S. 133). Nicht selten nutzen Kunden hierfür Suchfunktionen auf der Homepage des Anbieters und darüber hinaus z. B. Rating-Sites, auf denen Kundenbewertungen eingestellt werden, oder User-Foren, in denen Reklamationsfälle dargestellt und diskutiert werden. Und manchmal wenden sich Kunden an konkrete Mitarbeiter des Service-Personals, die sie z. B. aus vormaligen Beanstandungs- oder Beratungsfällen oder Erfahrungsberichten von Dritten kennen. Dieses Vorgehen kann als *Strategie aktiver Personalisierung* bezeichnet werden.

»*Ich habe das dann dieser Frau E., dieser Berlinerin, bei Y [= Computer-Hersteller], in Irland, per E-Mail mitgeteilt und sie wollte dann wissen › Wie äußert sich das‹. Das war das erste Mal, dass ich das mitgeteilt hatte, sie hat dann wieder einen Techniker informiert. Die Blitze [auf dem Bildschirm; die Verf.] die kamen da so im Abstand zwischen fünf und zehn Minuten. Ich wollte auch nicht dass irgendwie noch was größeres passiert am Rechner und dann schickte mir Frau E. eine E-Mail, sie hätten das jetzt besprochen das Problem und sie würden den Rechner gerne mal untersuchen, ich kriegte einen neuen Rechner, und der, anscheinend schadhafte, wird von ihnen auseinander genommen und geprüft.*« (Interview 11)*

Bei größeren Unternehmen ist es unwahrscheinlich, dass mit dieser *Strategie der aktiven Personalisierung* die für den aktuellen Reklamationsfall formal zuständige Person adressiert wird. Wie der Fall zeigt, kann dies aber dazu führen, dass das Anliegen an die richtige Stelle weitergeleitet wird. Die kontaktierte Servicekraft gerät damit in die Rolle eines Gatekeepers und der reklamierende Kunde erhält unter Umständen sozial-, sach- oder prozessbezogenes Sonderwissen (z. B. Zugang zu nicht-offiziellen Ansprechpartnern; Spezialinformationen zum Produkt; Umgehungsmöglichkeiten für betriebsinterne Regelabläufe usw.). Der Kunde erfährt also – wie erwartet oder zumindest erhofft – eine weniger standardisierte, persönlichere Behandlung. Ausschlaggebend für die Durchschlagskraft dieser Strategie ist die Intensität der gemeinsamen Interaktionsgeschichte (vgl. Gutek und Welsh 2000).

3.2 Strategien des Umgangs mit dem Problemdarstellungsproblem

»Kurz gegoogelt, Kunden-Support [Elektronik-Hersteller], und dann hatte ich sofort die Seite, da habe ich es schriftlich gemacht. Ich will, dass es gut verläuft, deshalb bin ich immer sehr förmlich und sehr ausführlich, dass ich weiß, ich hab jetzt alle Information reingepackt, die müssen nicht noch mal nachfragen das zieht es ja alles nur in die Länge, ich will dann, dass die alles wissen und wenn sie auch zuviel wissen, und dann mir sofort schreiben können wie wir jetzt verfahren, und das hat bisher eigentlich auch immer so geklappt. Und ich versuche es halt übersichtlich zu machen, ich versuche es so zu machen das ich dann wirklich, wenn ich Fehler habe, die ich denen beschreiben muss, dann schreibe ich das nicht in einem Text sondern dann versuche ich das stichpunktartig zu beschreiben, dass man das auch gut überfliegen kann. Ich schreib es halt so, dass ich es gut finde und dann hoffe ich halt, dass es der andere auch gut findet.« (Interview 5)

Kunden greifen hinsichtlich der Art und Weise, wie sie ihr Anliegen artikulieren, offenbar auf bewährte oder jedenfalls ihnen plausible Heuristiken zurück. Im vorliegenden Fall handelt es sich darum, das Problem absichtsvoll möglichst sachlich und ›dicht‹ zu präsentieren und dabei die im mündlichen Gespräch zwangsläufig erforderliche Entscheidung über wichtige und unwichtige Fallbestandteile gewissermaßen an den Empfänger zu delegieren. Der Kunde praktiziert dabei in besonderem Maße das von George Herbert Mead (1965) für kompetente Interaktion postulierte ›Taking the Role of the other‹. Er nimmt dessen zu erwartende Nachfragen vorweg, um den damit verbundenen zusätzlichen (Kommunikations-)Aufwand zu reduzieren. Diese Strategie erstreckt sich auch auf die Form der Darstellung, wenn der Kunde den Sachverhalt etwa so aufbereitet, dass die von ihm als relevant erachteten Aspekte schnell erfass- und bearbeitbar sind und – z. B. durch beigefügte Fotos – veranschaulicht werden. Dabei setzt der Kunde darauf, dass seine eigenen Bewertungskriterien für eine »gute« Darstellung vom Interaktionspartner geteilt werden, womit er ausblendet, dass die Interaktionskonstellation grundsätzlich einen Interessenkonflikt impliziert. Vielmehr unterstellt der Kunde, dass dem Gegenüber der Grund seiner Beanstandung bei einer sachlich-dichten Darstellung objektiv gegeben und dergestalt unbestreitbar erscheinen muss.

Die sachliche Präsentation ist nur eine Variante der Problemdarstellung. Im deutlichen Kontrast dazu stehen hochgradig emotionalisierte Darstellungen, die vorzugsweise auf die Erwartungsenttäuschung abheben. Dies kann zum Beispiel über die Präsentation einer Enttäuschungsnarration erfolgen, welche die Tragweite eines möglicherweise belanglos erscheinenden Fehlers aufzeigen soll:

> *»Betreff: Was können wir tun?*
>
> *Sehr geehrte Damen und Herren,*
>
> *sehr enttäuscht bin ich von dem Handling ihrer Hefe. In der Packung sind drei Hefetütchen, nicht preiswert. Ich benötigte 9 g Trockenhefe für meine Brotback-mischung. Genau drei Brote wollte ich für die abendliche Geburtstagsfeier backen. Wie ärgerlich die Inhaltsangabe auf den Tütchen heißt ›entspricht der Hälfte ei-nes Würfels Hefe‹. Gibt es keine Pflicht zur Gewichtsangabe? Kein wunder, dass ALLE Brote nichts wurden.« (Material, Interview 11)*

Noch deutlicher als bei sachlichen Darstellungen kann man hier den Versuch er-kennen, ein adressiertes Gegenüber so zu beeinflussen, dass diesem die Beanstan-dung als triftig und eine umgehende Reaktion als unbedingt erforderlich erscheint.

Problemdarstellungen sind der Kompensationsforderung bei Reklamations-äußerungen nicht nur analytisch, sondern typischerweise auch empirisch vorge-lagert (vgl. Brünner 2000, S. 107; Schnieders 2005), da sie die Grundlage für die Forderung bilden. Sowohl die sachliche als auch die emotionalisierte Präsenta-tion des Beschwerdegrunds sind als Antwort auf das Problem zu verstehen, dass dieser in der Situation schriftlich vergegenwärtigt werden muss. Die Mittelbar-keit der Kommunikation wird dabei mitunter als Vorteil gesehen, den einmaligen Aufwand bei der schriftlichen Äußerung der Reklamationseröffnung an anderen Stellen nicht wiederholen zu müssen, wie das bei telefonischen Weiterleitungen oft der Fall ist:

> *»Da schreibe ich eher eine E-Mail und das stelle ich auch häufig fest, dass die dann irgendwie weitergeleitet werden und noch mal weitergeleitet werden, bis da jemand, sich da mit der E-Mail beschäftigt, der Mumm hat oder der besser ge-sagt das Kreuz hat oder dass der in dem Unternehmen da definitiv zu entschei-den hat.« (Interview 1)*

Unter Berücksichtigung der Eigenheiten der Online-Reklamation werden so Fall-darstellungen in Antizipation eines Gegenübers formuliert, das nicht zwingend der erste Empfänger der Nachricht sein muss, sondern ein Glied innerhalb einer Bearbeitungskette sein kann. Unsere Befunde weisen darauf hin, dass infolge der zeitlichen und räumlichen Entgrenzung der schriftlichen im Vergleich zur münd-lichen Kommunikation ein erhöhter Aufwand bei der Formulierung einer Rekla-mation via Internet betrieben wird. Gerade dann, wenn eine betriebsinterne Wei-terleitung des Falls als wahrscheinlich angenommen wird, erachten Kunden diese erste Formulierung als entscheidend für den Erfolg der Reklamation.

3.3   Strategien zur Durchsetzung der Kompensationsforderung

Verwundert hat uns zunächst sehr unser empirischer Befund, dass die Art bzw. der Umfang der Kompensation gegenüber dem Umstand, dass überhaupt eine Kompensation erfolgt, mitunter als nachrangig erachtet wird:

> »*Er ist dann auf mein Angebot quasi eingegangen hat mir sozusagen angeboten den Wert zurück zu erstatten hier steht es sogar 29 Euro abzüglich Versandkosten, und dann hab ich halt gesagt ›Okay, Versandkosten, die hat er ja nicht bekommen also die hat er ja auch bezahlt, die hat ja die Post bekommen‹, er hätte es eigentlich auch zahlen müssen hab ich gedacht, aber bevor ich jetzt gar nichts kriege hab ich gesagt ›Okay, dann machen wir es halt so‹, dann kriege ich wenigstens sozusagen, meinen [Anbieter]-Betrag zurück.« (Interview 4)*

Naheliegender Weise wird bei einem Kompensationsangebot der Aufwand, eine anderweitige oder höhere Forderung durchzusetzen, in ein Verhältnis zum zu erwarteten Ertrag gestellt, und nicht selten wird dieser zusätzliche Aufwand als zu hoch eingeschätzt, um die Aushandlung der Kompensation fortzusetzen.

Blickt man auf die Durchsetzung einer Kompensationsforderung erscheint uns aber vor allem folgende Strategie als bemerkenswert:

> »*Ich sauer. Was tun? Keine Lust auf ellenlange Mail an den Support, der sicher eine Weile braucht um zu antworten. Keine Lust auf weitere sinnlose 8 € Mahngebühr. Nun bin ich ja auch ab und zu im Social Web unterwegs und weiß daher auch, dass W [= Internet-Service-Anbieter] auf Twitter zu finden ist. Anstatt nur W zu schreiben, verwende ich den Twitteraccount – so kommt der Tweet auf jeden Fall bei ihnen an.« (Interview 18)*

Twitter ist einer der neueren Social Media-Dienste, die Unternehmen insbesondere als Maßnahme kundennahen Marketings zur Verfügung stellen (vgl. Postel et al. 2010). Dieses Format ist in aller Regel nicht für Reklamationen vorgesehen. Vielmehr werden hier Kunden über eine persönlich anmutende Ansprache (z. B. durch Mitarbeiter der Presseabteilung) über Aktivitäten des Unternehmens, Produktneuerungen und Aktionsangebote informiert. Unser empirisches Material legt den Schluss nahe, dass Reklamationsfälle, die Kunden via Twitter übermitteln, keineswegs abgewiesen, sondern mitunter, etwa durch gezielte Weiterleitung, beschleunigt oder sogar bevorzugt behandelt werden. Denn bis zu dem Punkt, an dem der Anbieter oder der Kunde die elektronische Kommunikation auf eine ›Hinterbühne‹ verlagert, vollzieht sich der interpersonale Austausch in einem öffentlichen Raum, dem »*alle zugucken*« (I18) können.

Im dargestellten Fall nutzt der Kunde Twitter gezielt als *Veröffentlichungsstra-*
tegie, um seiner Forderung Nachdruck zu verleihen. Internetdienste wie Twitter
ermöglichen es, die Interaktion auf teil-öffentlicher Bühne zu initiieren, in der re-
klamationsbezogene Interaktionsverläufe von Außenstehenden ›in Echtzeit‹ mit-
verfolgt werden können. Vergleichbar hiermit ist der moderierte Foren-Support,
der von einigen Anbietern, meist angebunden an die eigene Website, bereitge-
stellt wird.

Die Strategie der gezielten Veröffentlichung des Reklamationsvorgangs zeigt
sich auch im folgenden Fall:

Nachdem ein Kunde bei einem bis dato von anderen Kunden als ›gut‹ bewerte-
ten Online-Shop einen Computerbildschirm bestellt und bezahlt hatte, lässt die
Lieferung – entgegen der angekündigten Lieferfrist von fünf bis sieben Tagen – ei-
nen Monat auf sich warten. Als das Gerät schließlich überstellt wird, muss der
Kunde den Rechnungsbetrag ein weiteres Mal an der Haustür an einen Angestell-
ten der Zustellfirma aushändigen, worin er einwilligt, weil er beruflich auf einen
funktionierenden Computer angewiesen ist. Die Doppelbezahlung reklamiert der
Kunde bei der auf der Anbieter-Website angegebenen E-Mail Adresse und an die
automatisch generierte Versandbestätigungs-E-Mail-Adresse des Händlers. In
beiden E-Mails gibt er seine Bankdaten für die Rücküberweisung an und fügt
die vergangene Korrespondenz an. Nachdem über Wochen keine Antwort des
Anbieters eintrifft und dieser trotz mehrmaliger Versuche telefonisch nicht er-
reichbar ist, erstattet der Kunde Anzeige bei der Polizei und zieht einen Anwalt
hinzu. Beide Maßnahmen teilt er dem Anbieter inklusive einer Fristsetzung per
E-Mail mit, woraufhin ein Mitarbeiter via E-Mail antwortet und eine Rückzah-
lung ankündigt, die allerdings auch nach Wochen nicht erfolgt. In der Zwischen-
zeit »postet« der Kunde eine ausführliche Darstellung seines Reklamationsfalls
auf der Händler- und Produktbewertungsseite »Ciao« und in verschiedenen Fo-
ren (»Forum Luxx«, »Forum PRAD«, »Snakecity«), in denen daraufhin auch
andere Kunden desselben Anbieters von ähnlichen Problemen mit Abwicklungen
und Rückerstattungen berichten. Das bewirkt, dass sich schließlich der Geschäfts-
führer des Online-Shops (»Herr D.«) in einem der Foren unter Angabe seiner
E-Mail-Adresse persönlich meldet.« An diese schickt der Kunde schließlich seine
gesamte Reklamations-Fallgeschichte und erhält binnen zweier Tage den doppelt
bezahlten Rückbetrag zurückerstattet. Der Kunde resümiert schließlich in seiner
ausführlichen Falldarstellung bei »Ciao«: »Das alles kann wirkungsvoll sein oder
dauern und wenn du Pech hast, ist die Firma pleite. Ich hatte Glück und führe
das auf die massive Publizität und den öffentlichen Druck im Web zurück. Dafür
möchte ich mich auch hier bedanken!« (Online-Foren-Beitrag 13)

Mit dieser Veröffentlichungsstrategie unterläuft der Kunde die Kommunikations-regulierung des Anbieters, indem er seine Erwartungsenttäuschung an einer Stelle artikuliert, die der Anbieter nicht vor(her)gesehen hat. Kunden veröffentlichen ihre Reklamationserfahrungen vor allem dann, wenn Kompensationen ausblei-ben bzw. als ungenügend erscheinen oder wenn der Kunde vom Anbieter schlicht-weg ignoriert wird und es damit erst gar nicht zu einer Interaktion kommt (wie dies oben der Fall war). Adressat ist nun nicht mehr nur der Anbieter, sondern zu-gleich ein Publikum, das über einen one-to-many-Kanal (im obigen Beispiel die Händler- und Produktbewertungsseite »Ciao«, aber auch in Kundenbewertungen; auf eigenen Websites oder Blogs; in Internet-Magazinen) oder in many-to-many-Form erreicht wird, bei der sich (z. B. in User-Foren wie Forum Luxx oder in Form von Kommentar-Posts) typischerweise mehrere Personen zu Wort melden.

Da die Veröffentlichung negativer Erfahrungen für das Image des Unterneh-mens bzw. des konkreten Verkäufers eine schädigende Wirkung entfalten kann, wird eine Problembehandlung zumindest wahrscheinlicher. Darstellungen von Fällen mit positivem Verlauf sind im Internet auffallend seltener zu finden. Ins-gesamt erlauben die Social Media-Dienste eine unaufwendige und schnelle Pu-blikation von Konsumerfahrungen mit großer Breitenwirkung, wodurch die von Hirschman (1970) so genannte »voice«-Strategie eine ungeahnte Dimension er-hält.

4   Fazit

Die Forschung zur Anbieter-Kunden-Beziehung hat in der Arbeits- und Dienst-leistungssoziologie eine lange Tradition. Allerdings fokussieren die hierfür ein-schlägigen deutsch- und englischsprachigen Studien den direkten, mündlichen Kontakt zwischen Verkäufer und Kunde, wenn Kunden gegen Bezahlung eine Dienstleistung in Anspruch nehmen: beim Friseur (vgl. Dunkel und Rieder 2004), bei der Deutschen Bahn (vgl. Rieder et al. 2004), im Callcenter (vgl. Holtgrewe 2003). Bedeutend seltener sind empirische Arbeiten zu technisch vermittelten, schriftlichen Aushandlungen zwischen Verkäufer und Kunde, ebenso wie zu Si-tuationen, in denen eine Leistung bezahlt worden ist, mit der der Konsument aber nicht zufrieden ist (vgl. Pfadenhauer und Eisewicht 2012). Der Kunde, der einem Anbieter – in Gestalt eines Verkäufers oder Servicemitarbeiters – mit spezifischen Intentionen strategisch gegenübertritt, ist selten Gegenstand der Betrachtung (vgl. zu diesem Befund auch Jacobsen 2005, S. 34).

Reklamationshandeln erfolgt, wie wir zu zeigen versucht haben, im Rekurs auf Strategien, die ihrerseits auf *produkt-, sozial- und selbstbezogene Vorannahmen* und einem aus eigenen und sozial vermittelten Erfahrungen zusammengesetzten

Wissensvorrat basieren. Da die soziale Beziehung zwischen Kunde und Anbieter beim Online-Shoppen durch eine Mensch-Maschine-Schnittstelle substituiert wird, bilden Erfahrungen im Umgang mit technisch vermittelter Kommunikation hierin einen wesentlichen Bestandteil.

Im Unterschied zum Online-Shoppen konstituiert *Reklamieren* infolge von Online-Shoppen eine soziale Situation, in der der Kunde keineswegs als rationaler Akteur, d.h. als ein Akteur auftritt, der alle Aspekte des prinzipiell asymmetrischen Verhältnisses kennt, wenn er mit der Absicht zum Reklamieren an ein Anbieterensemble herantritt. Er weiß allerdings, dass seiner Kompensationsforderung nur seitens des Anbieters entsprochen werden kann. Er handelt in der Erwartung, dass sich ein – im Laufe des Interaktionsprozesses als mehr oder weniger kompetent, d.h. bereit, befugt und befähigt (vgl. Pfadenhauer 2010) erweisendes und vor allem: wechselndes – Gegenüber seines Problems annehmen und dass es Anteil an der Entscheidung haben wird, weshalb er es unter Einsatz auch kollektiven Symbolwissens strategisch ›anzusprechen‹ und zu ›beeindrucken‹ trachtet. Derlei latente Überzeugungskommunikationen folgen dem, was Goffman (1959) als »impression management« bezeichnet hat (bezogen auf den Einkauf vgl. Prus 1993, S. 91 ff.).

Vor diesem Hintergrund klärt die vorliegende Analyse die Bedingungen, unter denen technisch vermittelte, interpersonale Kommunikation zwischen Kunde und Anbieter als Interaktion verstanden werden kann, die der verärgerte, zuweilen verunsicherte Konsument vor- und nachbereitet und für die er Vorkehrungen trifft, um einen aus seiner Sicht überzeugenden Ersteindruck zu vermitteln (Eindrucksmanagement). Wir betrachten die von uns als Zugangs-, Darstellungs- und Aushandlungsprobleme rekonstruierten Handlungsprobleme des Kunden als spezifisch für das Reklamieren via Internet und damit als Hinweise auf eine Mediatisierung des Reklamierens (vgl. Eisewicht 2014). Dabei lassen sich Handlungsweisen des Kunden als strategisch verstehen, insofern

a) das Suchen und Personalisieren eines *Verantwortlichen* für die als Beschwerdeanlass interpretierte Erwartungsenttäuschung das *Problem des Zugangs* zu überwinden,

b) die Darstellung dieses Anlasses als für eine Initiation von Kommunikation *triftigen Beschwerdegrund* das Problem der Darstellung eines situativ nicht präsenten Problems zu lösen, und u. a.

c) die Veröffentlichung des Reklamationsvorgangs zur Durchsetzung einer als *gerechtfertigt* akzeptierten *Kompensationsforderung* das Problem der Kompensationsaushandlung zu bewältigen sucht.

Über die vom Kunden vorgebrachte Darstellung eines Anlasses, verbunden mit einer Kompensationsforderung, versucht dieser kommunikativ eine Verantwortlichkeit des Adressaten für den Anlass durchzusetzen, die diesen zunächst überhaupt zu einer Reaktion veranlassen soll. In den hier skizzierten Strategien zur Überwindung der Probleme des Reklamierens über Online-Kommunikationswege zeigt sich, dass der Kunde dabei stets davon ausgeht, ein *menschliches* Gegenüber zu adressieren (das er sucht oder voraussetzt) und zu beeindrucken trachtet. Wesentlich erweist sich im Weiteren, dass es ihm gelingt, mit der Formulierung seiner Erwartungsenttäuschung einen Sachverhalt als Verhandlungsgegenstand zu setzen, an dem die Verhandlungspartner ihr Handeln im Folgenden wechselseitig orientieren. Die Kompetenz zur kommunikativen Konstruktion von Wirklichkeit (vgl. Keller/Knoblauch/Reichertz 2013) zeigt sich gerade auch in erfolgreichen Reklamationsstrategien (vgl. hierzu ausführlich Eisewicht 2015).

Dabei liegt der Schluss nahe, dass die »voice«-Option an Bedeutung zunehmen wird. Dies hat nicht zum wenigsten damit zu tun, dass mit den ›unbegrenzten‹ Konsummöglichkeiten, die das Internet eröffnet, das Enttäuschungsrisiko (vgl. Schulze 2005, S. 63 ff.) steigt, weil Konsumgüter im elektronischen Markt nicht mit allen Sinnen vor-betrachtet werden können und mit dem eigentlich so einfachen und rund um die Uhr möglichen Online-Einkauf eine Vielzahl problemanfälliger, zuweilen verdeckter Zwischenschritte verbunden sind, was die Fehleranfälligkeit des Konsumvorgangs insgesamt erhöht. Überdies senken die elektronisch verfügbaren Kommunikationsdienste (E-Mail, Twitter, Chat, Foren usw.) die Hürde, Enttäuschung tatsächlich auch zu artikulieren, wofür jenseits des Internet die Hemmschwelle jedenfalls hierzulande noch relativ hoch ist. Es dürfte nicht zuletzt damit einhergehen, dass Mitsprache und Partizipation dem Zeitgeist entspricht – den ins Kalkül zu ziehen Anbietern anzuraten ist.

Über den konkreten Gegenstand des Reklamierens hinaus liefern die hier vorgelegten Einsichten verallgemeinerbare Hinweise darauf, wie sich alltägliches Handeln im Zuge der (digital-)medialen Durchdringung von Handlungsfeldern verändert (vgl. zu einem Überblick etwa Krotz/Hepp 2012 sowie Grenz/Möll 2014): Keineswegs sind es ›die‹ Medien und deren konkreten Eigenschaften, die einen Wandel herkömmlicher Routinen möglicherweise determinieren. Vielmehr ist es deren Anverwandlung durch kreative und kompetente Akteure, die diese – ihren subjektiven Relevanzen folgend – einsetzen, in ihr Alltagshandeln einbetten und zukünftige Erwartungen daran orientieren (vgl. zur mit dem Wandel typischer Erwartungshaltungen implizierten »accomodation« Schulz 2004: S. 89 ff.). Konsumbedingungen in Onlinekontexten transformieren also konsumentenseitige Erwartungen an das Konsumhandeln und daran orientierte Handlungsentwürfe. Hierbei gehen Reklamationserfahrungen in den Wissensvorrat ein und leiten zukünftiges Konsumhandeln an (hierzu differenziert Eisewicht 2014). Letztlich propagieren wir damit eine Konsumsoziologie, die Konsum nicht auf symbolisch-identitätsstiftende oder sozialstrukturelle Erklärungsansätze reduziert, sondern Konsum als ein gegenwartssymptomatisches Handlungsproblem eines Akteurs in den Blick nimmt, der Handlungsspielräume intensiv klärt und extensiv auslegt.

Literatur

Alba, J., Lynch, J., Weitz, B., Janiszewski, C., Lutz, R., Sawyer, A., Wood S. (1997). Interactive Home Shopping. Consumer, Retailer, and Manufacturer Incentives to Participate in Electronic Marketplaces. *The Journal of Marketing, 61,* 38–53.

Blumer, H. (2004). Der methodologische Standort des symbolischen Interaktionismus. In J. Strübing, B. Schnettler (Hrsg.), *Methodologie interpretativer Sozialforschung. Klassische Grundlagentexte* (S. 319–386). Konstanz: UVK Verlag

Bochern, A. (1978). On taking Ourselves Seriously. An Analysis of Some Persistant Problems and Promising Directions in Interpersonal Communication. *Human Communication Research, 4,* 179–191.

Böhle, F., Glaser, J. (2006). *Arbeit in der Interaktion – Interaktion als Arbeit. Arbeitsorganisation und Interaktionsarbeit in der Dienstleistung.* Wiesbaden: VS

Böhm, A. (2007). Theoretisches Codieren: Textanalyse in der Grounded Theory. In U. Flick & E. von Kardorff & I. Steinke (Hrsg.), *Qualitative Forschung. Ein Handbuch* (S. 475–484). Reinbek bei Hamburg: Rowohlt.

Bohnsack, R. (1999). *Rekonstruktive Sozialforschung – Einführung in Methodologie und Praxis.* Opladen: Westdeutscher Verlag

Brünner, G. (2000). *Wirtschaftskommunikation. Linguistische Analyse ihrer mündlichen Formen.* Tübingen: Niemeyer Verlag

Burkart, T. (1999). Methodische Einwände und Kritik an Introspektionsverfahren. *Journal für Psychologie, 7,* 14–17.

Diehl S., Terlutter R., Weinberg P. (2007). Die Wirkung von Interaktivität in Online-Shops. Empirische Untersuchung von Onlineshops mit unterschiedlichen Graden an Interaktivität. In T. Bayón, A. Herrmann & F. Huber (Hrsg.), *Vielfalt und Einheit in der Marketingwissenschaft. Ein Spannungsverhältnis* (S. 480–498). Wiesbaden: Gabler

Domingos Canhoto, A. I., Clark, M. (2011). The state of complaint management research – Review and research directions. Paper presented at the Academy of Marketing Conference 2011, Liverpool.

Dunkel, W., K. Rieder (2004). *Interaktion im Salon – Analysen interaktiver Arbeit anhand eines Dokumentarfilms zum Friseurhandwerk.* München: ISF München

Dunkel, W., P. Szymenderski, Voß, G. G. (2004). Dienstleistung als Interaktion. Ein Forschungsprojekt. In W. Dunkel & G. G. Voß (Hrsg.), *Dienstleistung als Interaktion – Beiträge aus einem Forschungsprojekt: Altenpflege – Deutsche Bahn – Call Center* (S. 11–27). München: Rainer Hampp Verlag

Dunkel, W./Voß, G.G. (2004). *Dienstleistung als Interaktion – Beiträge aus einem For-schungsprojekt: Altenpflege – Deutsche Bahn – Call Center.* München: Rainer Hampp Verlag

Dunkel, W., Weihrich M. (2006). Interaktive Arbeit. Ein Konzept zur Entschlüsselung personenbezogener Dienstleistungsarbeit. In W. Dunkel & D. Sauer (Hrsg.), *Von der Allgegenwart der verschwindenden Arbeit. Neue Herausforderungen für die Arbeitsforschung* (S. 67–82). Berlin: Edition Sigma

Dunkel, W., Weihrich, M. (2010). Professionalisierung interaktiver Arbeit (PiA) – Dienstleistungsqualität als kooperative Leistung von Kunde und Fachkraft. Zur Veröffentlichung vorgesehen für eine BMBF-Broschüre zum Förderschwer-punkt »Dienstleistungsqualität durch professionelle Arbeit. http://www.in-teraktive-arbeit.de/files/dunkel_weihrich_2010_pia_broschuerenbeitrag.pdf. Zugegriffen: Januar 2012

Dürscheid, C., Brommer, S. (2009). Getippte Dialoge in neuen Medien. Sprachkri-tische Aspekte und linguistische Analysen. Linguistik Online 37, http://www.linguistik-online.de/37_09/duerscheidBrommer.html Zugegriffen: Januar 2012.

Eisewicht, P. (2014). Amazon, Zalando und Co.: Schrei vor (Un)Glück!? Mediatisiertes Konsumhandeln anhand von Reklamationserwartungen. In: Grenz, T., Möll, G. (Hrsg.): *Unter Mediatisierungsdruck. Änderungen und Neuerungen in heteroge-nen Handlungsfeldern* (S. 71–98). Wiesbaden: VS

Eisewicht, P. (2015). *Die Kunst des Reklamierens. Beitrag zum Verständnis von Konsum als Handlungsproblem.* Wiesbaden: VS

El Sawy, O.A., Bowles G. (1997). Redesigning the Customer Support Process for the Electronic Economy: Insights from Storage Dimensions. *Management Informa-tion Systems Quarterly, 21,* 457–483.

Frenkel, S., Korczynski, M., Shire, K., Tam, M. (1999). *On the front line. Organization of work in the information economy.* Ithaca: Cornell University Press

Gartner, A., Riessman F. (1978). *Der aktive Konsument in der Dienstleistungsgesellschaft. Zur polititschen Ökonomie des tertiären Sektors.* Frankfurt a.M.: Suhrkamp

Gershuny, J. (1983). *Die Ökonomie der nachindustriellen Gesellschaft. Produktion und Verbrauch von Dienstleistungen.* Frankfurt a.M.: Campus

Girtler, R. (2001). *Methoden der Feldforschung.* Wien: Böhlau UTB

Goertz, L. (1995). Wie interaktiv sind Medien? Auf dem Weg zu einer Definition von Interaktivität. *Rundfunk und Fernsehen, 43,* 477–493.

Goffman, E. (1959). *The Presentation of Self in Everyday Life.* Garden City, NY: Double-day

Goffman, E. (1963). *Behavior in Public Places. Notes on the Social Organization of Gath-erings.* New York: Free Press

Goffman, E. (1973). *Asyle. Über die soziale Situation psychiatrischer Patienten und an-derer Insassen.* Frankfurt a.M.: Suhrkamp

Goffman, E. (1982). *Das Individuum im öffentlichen Austausch. Mikrostudien zur öffent-lichen Ordnung.* Frankfurt a.M.: Suhrkamp

Grenz, T., Eisewicht, P. (2010). Towards the Methodical Fixation of Fragmented and Elusive Social Proceedings in the Context of the Internet: Considerations on Complains Due to Online Computer Shopping. Conference paper presented at the ESA Midterm Conference (RN 20 ›Qualitative Methods‹) on ›Innovating Qualitative Research: Challenges and Opportunities‹, Bayreuth.

Grenz, T., Möll, G. (Hrsg.) (2014). *Unter Mediatisierungsdruck. Änderungen und Neuerungen in heterogenen Handlungsfeldern.* Wiesbaden: VS

Gross, P. (1983). *Die Verheissungen der Dienstleistungsgesellschaft: Soziale Befreiung oder Sozialherrschaft?* Opladen: Westdeutscher Verlag

Gutek, B., Welsh, T. (2000). *The Brave New Service Strategy – Aligning Customer Relationships, Market Strategies and Business Structures.* New York: Amacom

Gutmann, M. (2011). Sozialität durch technische Systeme? *Technikfolgenabschätzung – Theorie und Praxis, 1/2011,* 11–16.

Hanekop, H., Tasch, A., Wittke, V. (2001). »New Economy« und Dienstleistungsqualität. Verschiebung der Produzenten- und Konsumentenrolle bei digitalen Dienstleistungen. *SOFI-Mitteilungen, 29,* 73–91.

Hanekop, H., Wittke, V. (2005). Der Kunde im Internet. In H. Jacobsen & S. Voswinkel (Hrsg.), *Der Kunde in der Dienstleistungsbeziehung* (S. 193–217). Wiesbaden: VS

Helfferich, Cornelia (2005). *Die Qualität qualitativer Daten. Manual für die Durchführung qualitativer Interviews.* Wiesbaden: VS

Hellmann, K.-U. (2005). Der ideale Kunde: möglichst gebunden und immer treu. Vorläufiges zu einem aktuellen Thema. In H. Jacobsen & S. Voswinkel (Hrsg.), *Der Kunde in der Dienstleistungsbeziehung* (S. 101–126). Wiesbaden: VS

Hildenbrand, Bruno (2007). Anselm Strauss. In U. Flick, E. von Kardorff & I. Steinke (Hrsg.), *Qualitative Forschung. Ein Handbuch* (S. 32–42). Reinbek bei Hamburg: Rowohlt

Hirschman, A. O. (1970). *Exit, voice, and loyalty: Responses to decline in firms, organizations, and states.* Cambridge: Harvard University Press

Hitzler, R. (1999). Konsequenzen der Situationsdefinition. In R. Hitzler, J. Reichertz & N. Schröer (Hrsg.), *Hermeneutische Wissenssoziologie* (S. 289–308). Konstanz: UVK

Hitzler R., Möll, G. (2012). Eingespielte Transzendenzen. Zur Mediatisierung des Welterlebens am Beispiel des Pokerns. In A. Hepp & F. Krotz (Hrsg.), *Mediatisierte Welten: Beschreibungsansätze und Forschungsfelder.* Wiesbaden: VS, S. 257–280

Höflich, J. R. (1996). *Technisch vermittelte interpersonale Kommunikation. Grundlagen, organisatorische Medienverwendung, Konstitution »elektronischer Gemeinschaften«.* Opladen: Westdeutscher Verlag

Höflich, J. R. (2003). *Mensch, Computer und Kommunikation. Theoretische Verortungen und empirische Befunde.* Frankfurt a. M.: Peter Lang

Holtgrewe, U. (2003). Call-Center-Forschung: Ergebnisse und Theorien. In F. Kleemann & I. Matuschek (Hrsg.), *Immer Anschluss unter dieser Nummer. Rationalisierte Dienstleistung und subjektivierte Arbeit in Call Centern* (S. 49–64). Berlin: Edition Sigma

Hopf, C. (2007). Qualitative Interviews – ein Überblick. In U. Flick, E. von Kardorff & I. Steinke (Hrsg.), *Qualitative Forschung. Ein Handbuch* (S. 349–359). Reinbek bei Hamburg: Rowohlt.

Jäckel, M. (1995). Interaktion. Soziologische Anmerkungen zu einem Begriff. *Rundfunk und Fernsehen, 43,* 463–476.

Jacobsen, H. (2005). Produktion und Konsum von Dienstleistungen. Konsumenten zwischen Innovation und Rationalisierung. In H. Jacobsen & S. Voswinkel (Hrsg.), *Der Kunde in der Dienstleistungsbeziehung* (S. 15–36). Wiesbaden: VS.

Johnston, R. (2001). Linking complaint management to profit. *International Journal of Service Industry Management, 12*, 60–66.

Keller, R., Knoblauch, H., Reichertz, J. (Hrsg.) (2013). *Kommunikativer Konstruktivismus. Theoretische und empirische Arbeiten zu einem neuen wissenssoziologischen Ansatz*. Wiesbaden: VS

Kleemann, F., Matuschek, I., Rieder K. (2004). Service Included. Technisch-organisatorische Rahmungen der Dienstleistungsinteraktion in Call Centern. In W. Dunkel & G. G. Voß (Hrsg.), *Dienstleistung als Interaktion – Beiträge aus einem Forschungsprojekt: Altenpflege – Deutsche Bahn – Call Center* (S. 133–159). München: Rainer Hampp Verlag

Krotz, F. (1999). Forschungs- und Anwendungsfelder der Selbstbeobachtung. *Journal für Psychologie, 7*, 9–11.

Krotz, F., Hepp, A. (Hrsg.) (2012). *Mediatisierte Welten: Beschreibungsansätze und Forschungsfelder*. Wiesbaden: VS

Leggewie, C., Bieber, C. (2004). Interaktivität. Soziale Emergenzen im Cyberspace? In C. Bieber & C. Leggewie (Hrsg.), *Interaktivität. Ein transdisziplinärer Schlüsselbegriff* (S. 7–14). Frankfurt/New York: Campus.

Lüders, C. (2007). Beobachten im Feld und Ethnographie. In U. Flick, E. von Kardorff & I. Steinke (Hrsg.), *Qualitative Forschung. Ein Handbuch* (S. 384–401). Reinbek bei Hamburg: Rowohlt

Marotzki, W. (2006). Leitfadeninterview. In R. Bohnsack, W. Marotzki & M. Meuser (Hrsg.), *Hauptbegriffe Qualitativer Sozialforschung* (S. 114). Opladen: Westdeutscher Verlag

Mattila, A. S., Wirtz, J. (2004). Consumer Complaining to Firms: the determinants of channel choice. *Journal of Services Marketing, 18*, 147–155.

McMillan, S. J., Hwang, J.-S. (2002): Measures of Perceived Interactivity: An Exploration of the Role of Direction of Communication, User Control, and Time in Shaping Perceptions of Interactivity. *Journal of Advertising, 31*, 29–42.

Mead, G. H. (1965). *Mind, Self and Society*. Chicago: University of Chicago Press

Meinl, M. E. (2010). *Electronic Complaints – An Empirical Study on British English and German Complaints on Ebay*. Bonn.

Mey, G. (2000). Erzählungen in qualitativen Interviews: Konzepte, Probleme, soziale Konstruktion. *Sozialer Sinn, 1/2000*, 135–151.

Müller, H. (1999). Elektronische Märkte im Internet. In R. Bogaschewsky (Hrsg.), *Elektronischer Einkauf – Erfolgspotentiale, Praxisanwendungen, Sicherheits- und Rechtsfragen* (S. 211–231). Gernsbach: Deutscher Betriebswirte Verlag

Münst, A. S. (2010). Teilnehmende Beobachtung: Erforschung der sozialen Praxis. In R. Becker & B. Kortendiek (Hrsg.), *Handbuch Frauen- und Geschlechterforschung* (S. 380–386). Wiesbaden: VS

Naylor, G. (2003). The Complaining Customer: A Service Provider's Best Friend? *Journal of Consumer Satisfaction, Dissatisfaction and Complaining Behavior, 16*, 241–248.

Neuberger, C. (2007). Interaktivität, Interaktion, Internet. *Publizistik, 52,* 33–50.

Olshtain, E., Weinbach, L. (1987). Complaints: a study of speech act behavior among native and nonnative speakers of Hebrew. In J. Vershueren & M. Bertuccelli-Ppi (Hrsg.), *The Pragmatic Perspective. Selected Papers form the 1985 International Pragmatics Conference* (S. 195–208). Amsterdam: John Benjamins B. V.

Pfadenhauer, M. (2010). Kompetenz als Qualität sozialen Handelns. In T. Kurtz & M. Pfadenhauer (Hrsg.), *Soziologie der Kompetenz* (S. 149–172). Wiesbaden: VS

Pfadenhauer, M., Eisewicht, P. (2012). Organisierte Unzufriedenheit. Gemeinsame Bekämpfung von Unsicherheit infolge transnationalen wirtschaftlichen Handelns, In: Soeffner, Hans-Georg (Hrsg.): *Transnationale Vergesellschaftungen. Verhandlungen des 35. Kongresses der Deutschen Gesellschaft für Soziologie in Frankfurt 2010* (S. 415–428). Wiesbaden: VS.

Pongratz, H. J. (2005). Interaktionsstrukturen von Dienstleistungsbeziehungen. Machtanalytische Differenzierungen zum Thema ›Kundenorientierung‹. In H. Jacobsen & S. Voswinkel (Hrsg.), *Der Kunde in der Dienstleistungsbeziehung* (S. 57–80). Wiesbaden: VS

Postel, M. & Schnoor, M. & Zahn, A.-M. (2010). Messbarer Erfolg im Social Media Marketing. Bundesverband Digitale Wirtschaft. http://www.bvdw.org/mybvdw/media/download/bvdw-sm-leifaden-sm-marketing.pdf?file=1438. Zugegriffen: Januar 2012.

Prus, R. (1989). *Pursuing Customers: An Ethnography of Marketing Activities.* Newbury Park: CA, Sage

Prus, R. (1993). Shopping with Companions. Images, Influences and Interpersonal Dilemmas. *Qualitative Sociology, 16,* 87–110.

Prus, R. (2007). Marketplaces as Realms of Activity: Arrangements, Ambiguities, and Adjustments: A Comment on Charles W. Smith. *Canadian Journal of Sociology, 32,* 491–501.

Pulver, U. (1999). Selbstbeobachteter Alltag. *Journal für Psychologie, 7,* 42–46.

Quiring, O., Schweiger, W. (2006). Interaktivität – ten years after. Bestandsaufnahmen und Analyserahmen. *Medien & Kommunikationswissenschaft, 54,* 5–24.

Raab, J. (2008). *Erving Goffman.* Konstanz: UVK

Rafaeli, S. (1988). Interactivity. From New Media to Communication. *Sage Annual Review of Communication Research. Advancing Communication Science, 16,* 110–134.

Rebstock, M. (2000): Elektronische Geschäftsabwicklung, Märkte und Transaktionen – Eine methodische Analyse. *HMD Praxis der Wirtschaftsinformatik, 215,* S. 5–15.

Reichertz, J. (2008). Das Ich als Handlung oder das handelnde Ich? Nachdenken über einen lieb gewonnenen Begriff der Phänomenologie. In J. Raab, M. Pfadenhauer, P. Stegmaier, J. Dreher & B. Schnettler (Hrsg.), *Phänomenologie und Soziologie. Theoretische Positionen, aktuelle Problemfelder und empirische Umsetzungen* (S. 75–84). Wiesbaden: VS

Rieder, K. (Hrsg.). (2009). Der (freiwillig?) arbeitende Kunde. *Wirtschaftspsychologie 11,* 11–19.

Rieder, K., Matuschek I. (2003). Kritische Situationen in Dienstleistungsinteraktionen. Immer Anschluss unter dieser Nummer. In F. Kleemann & I. Matuschek

(Hrsg.), *Rationalisierte Dienstleistung und subjektivierte Arbeit in Call Centern* (S. 205–222). Berlin: Sigma

Rieder, K., Poppitz, A., Dunkel, W. (2004). Kundenorientierung und Kundenkontrolle im Zugbegleitdienst. In W. Dunkel & G.G. Voß (Hrsg.), *Dienstleistung als Interaktion – Beiträge aus einem Forschungsprojekt: Altenpflege – Deutsche Bahn – Call Center* (S. 77–90). München: Rainer Hampp Verlag

Schnieders, G. (2005). *Reklamationsgespräche. Eine diskursanalytische Studie.* Tübingen: Gunter Narr Verlag

Schultz, T. (2001). Mediatisierte Verständigung. *Zeitschrift für Soziologie, 30*, 85–102.

Schulz, W. (2004). Reconstructing Mediatization as an Analytical Concept. *European Journal of Communication, 19 (1)*, 87–101.

Schulze, G. (2005). *Die Erlebnisgesellschaft. Kultursoziologie der Gegenwart.* Frankfurt a.M.: Campus

Stauss, B., Seidel W. (2002). *Beschwerdemanagement. Unzufriedene Kunden als profitable Zielgruppe.* München: Carl Hanser Verlag

Strauss, A., Corbin, J. (1990). *Basics of Qualitative Research. Grounded Theory Procedures and Techniques.* London: Sage Publications

Strübing, J. (2004). *Grounded Theory: Zur sozialtheoretischen und epistemologischen Fundierung des Verfahrens der empirisch begründeten Theoriebildung.* Wiesbaden: VS

Szymenderski, P. (2004). Der Kunde als Belastungsfaktor. Personenbezogene Dienstleistungsarbeit im Call Center. In W. Dunkel & G.G. Voß (Hrsg.), *Dienstleistung als Interaktion – Beiträge aus einem Forschungsprojekt: Altenpflege – Deutsche Bahn – Call Center* (S. 161–177). München: Rainer Hampp Verlag

Tian, Q.-Q. (2006). Even Chinese people complain: a study on complaint usage on BBS. Master thesis, Providence. http://ethesys.lib.pu.edu.tw/ETD-db/ETD-search/getfile?URN=etd-0723107-152854&filename=etd-0723107-152854.pdf. Zugegriffen: Januar 2012.

Vásquez, C. (2011). Complaints online: The case of TripAdvisor. *Journal of Pragmatics, 43*, 1707–1717.

Voß, G.G., Rieder K. (2005). *Der arbeitende Kunde. Wenn Konsumenten zu unbezahlten Mitarbeitern werden.* Frankfurt a.M.: Campus

Waskul, D., Lust, M. (2004). Role-Playing and Playing Roles: The Person, Player, and Persona in Fantasy Role-Playing. *Symbolic Interaction, 27*, 333–356.

Watzlawick, P., Beavin, J.H., Jackson, D.D. (2000): *Menschliche Kommunikation. Formen, Störungen, Paradoxien.* Bern: Huber.

Weihrich, M., Dunkel W. (2003). Abstimmungsprobleme in Dienstleistungsbeziehungen. *KZfSS – Kölner Zeitschrift für Soziologie und Sozialpsychologie, 55*, 758–781.

Zentes, J., Schramm-Klein H. (2008). Multi-Channel-Retailing und Interaktives Marketing. In C. Belz & M. Schögel & O. Arndt & V. Walter (Hrsg.), *Interaktives Marketing. Neue Wege zum Dialog mit Kunden* (S. 368–381). Wiesbaden: Gabler

Zhao, S. (2005). The Digital Self: Through the Looking Glass of Telecopresent Others. *Symbolic Interaction, 28*, 387–405.

The social construction of the stigma of an inner-city neighborhood

Conflicting perspectives of professionals and residents on social problems and gentrification

Thaddeus Müller

She says that twenty years ago she came to live here. She had just been divorced and needed a place to live. The people who lived here were nice and helpful, she remembers. They volunteered to help move in her belongings. Now everyone is gone, except one neighbor, who has lived here since the fifties.

She says that she is content living here. She has contacts with other locals and goes to the community center regularly, to knit, drink coffee and talk. It is quiet now, she says, but a few years ago we had problems with kids and youth. She felt sorry for them and decided to help them.

»I looked after my neighbors' children. They were a handful. I have worked in child protection organizations many years. They were children who needed help.«

»Why did you do that?« I asked.

»I was involved in many social activities. I felt that they were children in need. I sometimes gave them little things: clothes, a sweater. I saw that there were problems. They had to have a regular lifestyle, discipline. There was often a fight at home. The parents were often away. They had odd occupations.«

She says that it was not just a one-way interaction: »During Ramadan they cooked for me. So it was reciprocal.«

The children were at her place almost every afternoon: »I gave them some fruit and drinks. I organized a kind of after school program for them. At about seven o'clock they went home.

It was a disorderly mess. But I have to say the neighbor's family were very close with one other. They do everything for each other.«

During the conversation with the woman I'm struck by her compassion. I'm trying to understand why she did this. She takes it for granted. She cannot do

anything when she sees that things go wrong; then she gets the feeling that she should intervene.
»The children were simply neglected. Later, things got out of hand. Finally they got help; they moved to a bigger house. I see the mother sometimes, and we talk with each other.«

1 Introduction

In this paper, I describe how an inner-city neighborhood is defined as a place related to social problems such as crime and a lack of social cohesion by professionals. I will contrast this with the residents' perspective. I adopt »a subjectivist approach that focusses on the process by which people identify social problems« (Best 2008: 10–11) and combine this with findings from Elias and Scotson's *The Established and the Outsiders* (1965), who studied the stigmatization process of a neighborhood in Great Britain in the early 1960s. The study which I present here shows that the perspectives of the professionals fit with the stereotypes of the dominant restructuring paradigm in the Netherlands (and other Western countries): housing in poor neighborhoods is not up to modern standards, social cohesion is weak, and crime is problematic. The residents, in contrast, have a different reading of their neighborhood. They state, for instance, that there is involvement among residents in the neighborhood, as is shown in the first vignette. Here, I describe how and which »social facts« are used as symbols to define and characterize the neighborhood by professionals and by residents. I will discuss the two different viewpoints and how this influences the gentrification process.

The redevelopment of urban neighborhoods, also known as urban gentrification, is a topic of intense academic debate. Scholars pay attention to the process of redevelopment, its positive effects, such as improving social cohesion and the increase in safety and its negative effects, such as displacement, segregation and social polarization (Allen 2000, Atkinson 2004, Crump 2002, Curley 2007, Kleinhans & van der Laan Bouma-Doff 2008, Galster 2007, Goetz 2002, van Kempen & Idamir, Kruythoff 2003, Lees 2008, Smith 1996). Most urban studies on gentrification do not look at the ›social construction of a neighborhood as a social problem‹ in itself. But studies have shown that negative status and reputation related to stigma contribute to social exclusion, shame and low-self-esteem. Stigma in itself is a factor that contributes to social inequality (Link & Phelan 2001). Therefore municipalities, politicians and policy-makers should be careful in the way they categorize people and places. Their definitions create and confirm stigmas which contribute to social inequality which, ironically, politicians and policymakers simultaneously wish to diminish. The social constructions often work directly counter to the actual social goals being pursued.

An important ›field of knowledge‹ that inspires this article consists of a long tradition of symbolic interactionist studies on deviance and social problems, with a strong focus on the social construction of labels or stigmas (Becker 1963, Best 2008). Instead of explaining social problems, scholars who work within this tradition have an interest in the creation of social problems by a diverse range of actors, which are defined as »moral entrepreneurs« (Becker 1963) and »claimsmakers« (Best 2008).

Although the symbolic interactionist tradition stems from the Chicago school of urban sociology (which was guided and inspired by Robert Park), the relation between space and stigma has hardly been explored within the this tradition, as has been done by Elias and Scotson (1965). Therefore I will turn to their study and describe it in more detail. This seminal ethnographic study shows how stigmatization of place is related to power differences – »the interdependence of groups« as Elias and Scotson phrase it – between the newcomers and the established population in the community. Elias and Scotson were initially asked to research social problems in a stigmatized neighborhood, but they redirected their attention to researching how labels are constructed. They discovered that a negative label was created in the recent past between two working-class neighborhoods with little social economic differences. It continued despite a significant decrease in incidents. Their explanation for this process of stigmatization is that the influx of new inhabitants was a threat to the identity of those who belonged to the established working class neighborhood. They did not want to be associated with the newcomers.

The authors show how the ›established‹ are able to label the newcomers as deviant by paying attention to negative incidents. Those are mostly related to disorderly youth and anti-social families. The established define themselves as superior by focusing on the positive incidents and discarding negative ones in their own neighborhood. Among the established the negative label is (re)produced through gossip. Because of their strong ties with those in power they can also influence politicians and policymakers, and they thus help to solidify the stigma.

The authors state that social cohesion during a long period of time is crucial for the positive identity of the established. It reinforces their power to stigmatize. The neighborhood with strong social ties is able to create a stigma through gossip. The newcomers lack similar social cohesion and cannot counter the negative image by representing a different image. As a result they integrate this negative identity, which causes internal tension and division, enhancing the (housing-)mobility, which again has a negative effect on social cohesion.

Elias and Scotson's critics have pointed out two major issues: 1) a lack of dynamism and 2) a decontextualization of the social world they studied (Hogenstijn &
Middelkoop 2008: 40–44). The first critique relates to the static relation between
the established and the outsiders. It is highlighted that the outsiders seem to be
powerless and are not able to fight and change (the effects of) the stigma. The second critique has to do with the fact that Elias and Scotson mainly focus on the
community they study, without relating it to the wider context, such as industrial
and political developments at the regional, national and international level.

Müller and Van Laar (1991) have addressed these and other issues in their
study of vandalism in a stigmatized suburban area in Alkmaar, the Netherlands.
They discovered that the most dominant narratives used by professionals to define the neighborhood – youth who roam the streets with baseball bats looking
for a fight – were related to a mediatized event that took place several years before
the research started. During their study it became clear that there were hardly any
youngsters causing trouble. Their findings demonstrate that the social construction of the stigma of the new neighborhood was triggered by a specific political
and economic context: the possibility of getting a major state subsidy, which the
city needed because it was in severe financial problems. A key difference with the
study by Elias and Scotson, related to the critique of the lack of dynamism, is that
although the people in the neighborhood studied by Müller and Van Laar were
aware of the negative stigma, this had no negative effect on them. Most were content with their suburban house, the green environment and the social life in the
neighborhood. The explanation is that the residents were involved in social networks in which there were no persons who would use or refer to the stigma of the
neighborhood. Within those networks they were able to sustain a positive identity
that could buffer the negative effects of the neighborhood's stigma.

In this article, I take a closer look at how the stigma of an inner city neighborhood was constructed and sustained, in this case not so much by residents but by
professionals such as policemen, employees of the housing corporation and social
workers. In this case we see that the stigmatized also did not internalize the negative label, and were able to resist it with success. Before I present the findings of
my research I describe the national and local context of the study, which is relevant for understanding the professionals' perspective. I will also discuss the methods used in my research.

1.1   National and local context

Since the 1990s, there has been a major restructuring of the housing stock in the Netherlands. This took the form of urban gentrification. Many post-war neighborhoods with mainly social housing have been demolished to make way for more expensive non-rental homes. For instance, in each of the four major cities of the Netherlands (Amsterdam, Rotterdam, The Hague and Utrecht) there are at least ten neighborhoods with over 10 000 residents where redevelopment has taken place. On top of the local investment by the cities and the housing corporations, the central state has chosen neighborhoods – between 40 and 56 depending on the government – for extra investment in physical, economic and social infrastructure. Billions of euros have been invested to gentrify neighborhoods. The redevelopment industry is a major source of income for a diverse range of professionals, such as managers, urban planners, architects, technical engineers and social researchers. The authorities, usually the local government and housing associations, support their policy by referring to social problems such as poor social cohesion, outdated housing, crime and unsafe neighborhoods. Although residents have tried to resist redevelopment plans, many of them were forced to move to other locations. In general, those who have to leave are offered a better house and a moving allowance, which can amount up to 5 000 euro per household.

The studied neighborhood is a small, multicultural post-war residential area (600 houses and 1 100 inhabitants) in a large city in the Netherlands. Compared to the average income in the city as a whole the average income in the neighborhood is low. This area is known as a deprived area or a ›problem neighborhood‹ by professionals and residents who live in the better off neighborhoods. The restructuring of the neighborhood started at the end of the 1990s, when the high-rise buildings in the western part of neighborhood were demolished. The neighborhood mainly consists of apartment buildings between three and six floors. The neighborhood is located within ten minutes walking distance of the old medieval center. It has some services, such as a small supermarket, grammar schools and a community building. In the original plans over 50 % of the houses were to be destroyed, mostly apartment buildings. Of the new houses 70 % were designed for middle-class home-owners. Due to planning issues, the redevelopment slowed down. Several streets from which the former residents had been removed were rented out to students on a temporary basis. The housing corporation decided not to invest in the physical condition of the houses. As a result many parts of the neighborhood look run down. Still, residents feel at home in their neighborhood as described in the following vignette.

Super motorcycle cruiser

It's a drizzly day and we walk beside a big shiny motorcycle, a super motor cruiser that we have often seen. My colleague Lotte, the photographer, wants to take a picture. Then we hear from the top: »*I'd rather not.*« *When I asked why, he says,* »*I have my reasons.*« *When I ask what those reasons are, the man says that he prefers to keep to himself.*

»*Can I ask about the neighborhood?*« *I say to the man, who looks down upon us from the third floor.*

»*Ask.*«

»*Do you feel at home here? Are you satisfied?*«

»*Yes, I'm happy.*«

»*Why?*«

»*Tolerance.*«

»*What do you mean?*«

»*Live and let live.*«

»*Do you have any problems with loitering?*«

»*No.*«

»*Do you feel at home in this multicultural neighborhood?*«

»*Yeah, sure. I feel very at home here. I would not move, but if it is up to the housing corporation…*«

»*Are not you afraid that someone will do something to your motor bike?*«

»*No, everything is protected. There is an alarm.*«

»*How does that work?*«

»*I'm not telling you that!*«

»*Does anything happen to it?*«

»*Twice a week. Boys want to play with it. But that's no problem. I have to leave.*«

»*Do you mind if I write this down.*«

»*No, do it.*«

»*What's your name?*«

»*Ronald.*«

»*How old are you?*«

»*46.*«

»*Thanks.*«

»*You're welcome.*«

1.2   Methods

Because of its small size, the neighborhood forms a clear case of a well marked physical and social context in which the different perspectives on this social world can be studied with accuracy. In order to gain insight into the different perspectives, several methods were used. Interviews (N = 25) were held, and many casual, open ended conversations took place as well. Documents were analyzed, such as websites, newspaper articles and official documents. Most interviews (20) were held with residents who form a cross-section of the inhabitants of the district, in terms of gender, age, length of residence, and the location of their of houses. Interviews were also held with professionals (5) to find out how they perceived the neighborhood. Another method was participant observation of the neighborhood, especially in streets, shops, the community center and at public meetings. I have been involved with this neighborhood in the period from 2009–2012. An important source of information are the countless fleeting and not-so-fleeting encounters with inhabitants and professionals. My involvement started with an applied interest in the neighborhood. I had participated as an ethnographic researcher in the making of a documentary and a book of photographs.

The multilayered perspectives of residents have been largely ignored by professionals involved in this (and other) neighborhood(s). For instance, in the official documents the experience of residents is reduced to statistics and ›one-liners‹. In order not to fall in the same reductionist trap I have chosen, in addition to the more traditional integration of respondents' quotes, to use vignettes to portray the multilayered daily experience of living in this urban neighborhood. The vignettes are based on notes taken during observation and interviews. The vignettes also show the interactions between inhabitants and me as I try to understand how they give meaning to their social world.

1.3   The professional's perspective

Professionals refer in interviews and documents to several social problems. They reproduce the generally negative image of these neighborhoods in the Netherlands. Because of the cheap social housing in these neighborhoods, there is an imbalance in the demographics. According to the professionals, too many people lacking adequate education and depending on welfare live in these neighborhoods. Social cohesion is weak and because of this, there is a lack of social control, which results in an increase in crime. The lack of social cohesion of the neighborhood is explained by professionals by referring to its multicultural character, its high residence mobility and its alleged problematic social economic situation. »They first have to solve their private problems before they can focus on the neighborhood«, as one professional stated. The solution, according to professionals, is that by demolishing cheap housing and building non-rental houses for the middle class, a ›better‹ mix of people would develop, social control increases and social problems diminish. This fits the dominant state-ideology on housing and gentrification in the Netherlands.

In my interviews with the professionals, three social problems dominate: housing, social cohesion and crime. In the interviews, the professionals unanimously, stated that the houses are not up to modern standards. They refer for instance to insulation problems, which have a negative effect on heating and sound. Kitchens and bathrooms do not conform to contemporary standards and should be replaced. In general the professionals share a ›market-perspective‹. They compare the social housing with houses which are popular among average buyers and renters, and state that the average seize, comfort and quality of the houses in the studied neighborhood are way below standard. Their verbal statements do not only acquire definition power because of their professional status, but also because they can refer to a diverse range of documents written by experts. For instance technical engineers produce documents on the physical state of the building that shows that insulation is insufficient. Other documents compare the cost of renovating versus redevelopment and illustrate that rebuilding is cheaper. Another important tool in this process of labeling of the housing in the neighborhood as problematic, are documents made by urban planners and architects which show how beautiful the neighborhood will look in comparison to its current state. It is not only documents but also many public meetings between professionals and citizens, in which the plans for the neighborhood are proposed and discussed, which seem to confirm that housing is problematic. The same image of the housing situation can also be found in different media, such as the local newspaper and the city website.

Symptomatic of the social construction of the »social quality« of the neighborhood by the professionals is that they refer to ›bad cases‹ to characterize the neighborhood (see Elias and Scotson 1965). Thus, the negative scores of the annual statistical reports and the presence of multi-problem families are used to characterize the social atmosphere of the neighborhood. Narratives concerning multiple problems faced by families function as »atrocity tales« (Best 2008).

> »The neighborhood has attracted vulnerable people in the last years, such as multi-problem families. They do not look after their children. One family created such a big mess in their house, very unhealthy. They had to be helped. Those people come more and more.«

The urban replacement process – most of these families come from problematic neighborhoods which are being restructured – is hardly mentioned in discussing the social problems in the neighborhood. Another aspect of the rhetorics of the professionals is that these ›facts‹ are not placed in the context of the neighborhood itself. When I asked for the exact numbers of dysfunctional families it appeared that out of six hundred households there were only seven problematic families.

The professional perspective on the neighborhood can be characterized by de-contextualization and symbolization of ›facts‹ (Best 2008). Moreover, as indicated, there is little attention to developments over time. This can also be seen when professionals discuss crime. In order to confirm the criminal or unsafe character of the neighborhood, professionals refer to incidents. As in many neighborhoods, also in this case, professionals refer to criminal youth, youth hanging around and youth harassing residents. In the case of the studied neighborhood, the worst incidents took place several years ago (see also Elias and Scotson 1965). During the period of this study, the teenagers where actually hanging around just outside of the neighborhood, near a supermarket, but professionals, such as youth workers and police, continued to relate this ›problem‹ to the studied neighborhood.

Another example of de-contextualization is the increase of burglaries in the neighborhood. This number is used as an indication of the unsafe character of the neighborhood. This increase also influences the aggregated number of crimes in the neighborhood, as a result of which the neighborhood has per person one of the highest crime rates in the city. When the increase is put into the social, spatial and historical context of the neighborhood, a different interpretation is possible. The increase is related to the short term renting of apartments which are to be demolished. Most of these renters are students who have laptops and i-phones. Their houses are unattended during most of the day. In general they show indifference towards the regular ways of protecting property, such as closing windows, putting valuable goods out of sight and investing in secure locks. In the words of a local police-officer: »they make it very easy for burglars to break in«. So actually, the increase of burglaries is an unintended effect of the policy of the local government and the housing corporation.

Another crucial aspect of the way the neighborhood is framed by professionals is denial of counter-information and telescoping. During professional meetings, hardly any attention is paid to positive narratives, and when these come to the surface they are defined as incidents. Only those issues that confirm the negative image of the neighborhood, such as the (poor) quality of the housing, the (un)safe conditions of the neighborhood and dysfunctional families are seen as relevant topics to be discussed during meetings. Information that contradicts with the professionals' perspective is overlooked and defined as irrelevant. When residents voice their opinion, for instance, during public meetings and say for that they feel safe in the neighborhood, the general reaction is that this is a personal experience that does not reflect the generalized information professionals have. A similar strategy is also used when reflecting on the effects of the recent interventions. The professionals indicated that their efforts were worthwhile but that they still defined the neighborhood as a »problem area«. They stated that there is still a lot of work to be done. »We're not there yet,« said an civil servant during a neighborhood meeting. »We have much work to do. In the coming years we must make an effort. If we quit now it is a waste of our investment in recent years«.

In the next vignette we see how the local experience of a resident contrasts with the negative perspective of the professionals.

I am a mixer

It's a sunny day when I talk to him. He turns out to be one of the most enthusiastic residents of the neighborhood.

With a smile on his face, he says he wants to be interviewed. At our meeting he is in his white uniform. He has worked at the hospital for a long time. Irregular hours. He does not complain. He is happy about his income, his life, about his accomplishments in the Netherlands.

He explains why he feels at home in this neighborhood. He has good contact with people. He lived here for over twenty years. He especially likes the multicultural character of the neighborhood. When he first arrived in the Netherlands, he had to get used to it.

»In the beginning it was difficult to adjust,« he says. »Everything was different, but I quickly learned and changed.«

»I'm a mixer. I have family all around.« As he says this, he directs his hands, to the East and West.

»I'm Hindu, she (his wife) is Polish and we do everything in Dutch, so everything goes quietly.«

He has no problems with people in the street. He says most people are nice. He has contact with his neighbors. He sometimes gives them something to eat. We do so in Suriname, he says, with a broad mile. When I ask if he sometimes feels bothered by other residents, he says it is not bad. He feels safe. »There is nothing wrong here,« he says.

»Have you ever had problems with the guys that sometimes hang around here?«

»They are too far away. I know what you mean. I do not hear them. If I would live closer, there on the corner, I would have trouble with it, but not now.«

»And if you walk past them?«

»No, nothing. No harassment.«

He makes it clear that there is give and take in the city. »Not everyone be-
haves the same. There is no use in worrying,« he tries to explain. He talks about
his grandfather.
»My grandfather always said, do not hate, let it go.«

1.4   The inhabitants' perspective

The perspectives of residents differs in many ways from that of the official image of
the neighborhood. In the next pages I continue to discuss the following: 1) housing,
2) social contacts, and 3) crime and safety. I focus on these topics so they can be
compared with the narratives of the professionals. In fact, the image given by residents is more diverse, as can be read in the vignettes presented throughout the text.

1.5   Housing

The interviews revealed that most residents are satisfied with their housing. They
all state that they do not want to move. They realize that they have little chance to
acquire an apartment at the same rent near the center of the city. Residents unanimously perceived the location of their neighborhood as attractive. On top of that,
in their eyes, the houses are relatively large. A woman in her late twenties:

> »When I came to live here I could not believe my eyes. I really loved it, wow it is so
> great. Then I discovered that there was even an extra room.«

Residents state that the houses are noisy and not always easy to heat, but over
time they became used to this level of comfort. Moreover, some of them have little choice because of their low income. A woman in her forties indicates that she
probably would be relocated to another social housing district far away from the
center: »No, I am better off here.«

   Given the low average income of the residents, it is understandable that they
are positive about what they get for their rent. The professionals use a commer-
cial, market perspective. They are market oriented and have middle class ideas, because of their social milieu, income and education. The same basic points has already been stated by Herbert Gans in relation to slum clearing in the States in the
sixties (1993). With this perspective, the professionals focus on possible middle
class future residents and ignore the needs of the current residents. One of the residents describes in the next vignette how she has experienced living in the neighborhood for the last 56 years.

Mrs. Job

56 years ago she moved into the neighborhood. »We only had a small bedroom. Through the union, we came to this house. It was a palace. We had three bedrooms. We had bunk beds for our children.«

»Previously it was a nice neighborhood: I've seen many come and go. I lived here fine. The neighborhood was known to me and you used to have many stores. There were police officers here, a teacher and lawyer. The contact with neighbors was good. The men went well together.«

One of her children died one year ago. Her husband died four years ago. Her husband was a cabinetmaker and upholsterer. She shows the furniture her husband made in the living room.

She has contact with her neighbors, but it's not like it used to be. Still she does not have much time for small talk because she likes to be by herself. She is also being visited by her children and grandchildren. She likes doing crafts, puzzles and reading books.

She has been in contact with two neighbors. She has known one neighbor for a long time and they meet regularly. The other lives here recently and is in her middle twenties. She reassured Mrs. Jobs when there were problems with a gas leak sometime ago.

Her children always come on Sunday. One grandchild comes two times a week. Her grandson visits her on Monday.

Previously, she (and other inhabitants) had problems with a family that lived across the street. »The children were outside too late at night. I think they were Moroccans, but I'm not sure, and it does not matter. There are also very tidy immigrant families. This family had problems, she said: »The garbage bags were thrown out of the window. We were glad they had gone.

When I talked to the children, they just laughed at me. And I was also insulted. They threw eggs at my window.«

»Why did they do that?«

»Because they hated us.«

»Why did they hate you?«

»Because we wanted to do something about the nuisance.«

»What did you do?«

»In partnership with other residents we went to the municipality, the corporation and the police. Eventually they moved away. We had to record everything they did wrong. The housing organization kept a file, and before they could do something they had to gather information. When they had enough information, that family had to leave.«

She spends much time inside. She reads »thick books«. She lets me see one and says: »I do not go outside much. That does not interest me. I do what I feel like. I have worked hard with my five children. You can understand that. Now I have time for myself.«

1.6   Social contacts

Most residents are satisfied with the contacts with their neighbors and other residents in their neighborhood. They greet each other, have small talk at the door, and visit each other occasionally. A woman in her thirties who has lived in the area for a few years:

> »Yes, the contact is good, normally I would say. We greet each other when we see each other and we chat about the weather and all. And when there is a problem we help each other«.

The residents do report occasional nuisances from their neighbors. That is mainly related to noise. They accept this because they know that the houses are not well insulated. If it gets too loud too late, they will address this issue. Although residents are sometimes faced with problems which are related to dysfunctional families, the residents do not see these households as symptomatic of their neighborhood. A man in his forties says: »There are families which are antisocial, but most people here are ordinary people.«

Many people indicate that the general social atmosphere of the neighborhood is pleasant. They relate this to the (ethnic) mixed character of the neighborhood. A man in his early thirties:

> »I would love to continue living here. (…) For me, the quality of the neighborhood is that it has a particular mix of people.«

The social climate that residents appreciate seems to be related to the fact that not one category of residents dominates the area. Because of this, there is not a situation of outsiders versus established within the neighborhood, in which social tensions between different groups of residents can develop. In contrast to the perspective of professionals, several residents actually praise the multicultural atmosphere of their neighborhood, and call it »nice«, »relaxed« and »alive«. The residents were able to resist the negative label of the professionals, which is comparable to the residents in the study by Müller & Van Laar (1991).

For professionals, the ›bad cases‹ are examples in which this low income neighborhood differs from the better off neighborhoods. Therefore, for them, the ›problematic‹ households typify the social life of this low income neighborhood. The residents are able to put the ›bad cases‹ into perspective by referring to the many positive contacts they have on a daily basis.

Still people were confronted with crime and anti-social behavior, as becomes clear in the next vignette.

Criminal

I met him in the community center while I'm waiting for someone who does not show up. He is in his early twenties. He wore a baseball cap and tracksuit. He came here for an internship. I asked if I can talk to him. He is tense in the beginning, but relaxes visibly while we talk.

I explained to him what I do in the neighborhood and whether he can tell me something about the nuisance of street kids. Or maybe he knows them and can explain to me why they behave in that way. He laughed and said that he himself has been one. He told me that he really does not want to talk to anyone about it, but because I had, as he himself puts it, approached him with an open mind he liked me and wanted to tell me what he did.

»I used to hang around the streets with my friends or I thought they were my friends. I have done all what was forbidden. I have disrespected everything and everyone and I wanted to show this to my friends. So I said that I would steal one thousand little bike valves. I kept everything in one box and when I had a thousand I showed them to my friends.«

»Did you do anything more?«

»Burglary. Just to be tough. Look what I can. Bike without hands. That's right. I've already started when I was twelve. When I was 16, I was a criminal.«

»And your parents, did they not notice a thing?«

»No, my father is old and does not understand this world. I could tell him anything and he believed me. He knows nothing of school.«

»Did you ever think about what you did to others?«

»No, you just do not want to show that, you want to show that you are hard, that you do not give a damn.«

Meanwhile, he told me he did not want his name to be mentioned. I could invent a different name. »Mo or so,« he said.

»Why not your own name?«

»Because I do not want people to recognize me. I want to start again. I want to be a good man, you know.«

1.7   Safety

Residents state that there is hardly a safety issue in their neighborhood. But those who lived here for more than five years say that in the past it was different, less safe. Especially in the period around 2000. A resident in her fifties said that there was a lot of drug-related crime: »It was not strange that the police walked around with a bulletproof vest.« For a woman in her early forties who came to live in the neighborhood during the same period, it was not easy for her to get used to it:

> »It was the way the neighborhood looked, scum on the streets, litter everywhere, untidy gardens. I thought it was a slum. It was the atmosphere. But now is way better, incomparable with the past.«

In relation to safety, the inhabitants currently speak mainly about two topics: burglaries and nuisance of street youth. Students in particular refer to the large number of burglaries in their old flats, which they can rent for rock bottom prices because of the temporary contract with the housing corporation. But the conversations I had with the students showed that the students seem to suffer little. They reacted in a resigned way, as if burglary is not a big thing. There attitude can be explained by the fact that many of them are insured against burglary and are backed up by their middle class families.

The nuisance of street youth is not evenly experienced by the residents. Many people notice virtually nothing or little, because they do not live nearby the locations where the young men hang around.

Not everyone is harassed equally. In particular, women are confronted with sexist remarks. Students I talked to said they disliked it, and tried to ignore it. Some women in their thirties and forties said that they are hardly bothered by the remarks, because they cannot take it seriously. A woman in her thirties:

> »What they say is so absurd that I sometimes just have to laugh. It hardly touches me. It's just annoying and that is it.«

For most people faced with the nuisance of street youth, it is an unpleasant experience that they can leave behind because the street youth do not hang out near their residence. For some individuals this is not the case. They experienced structural intimidation of youth hanging around in front of their home. These inhabitants are the target of street youth's harassment, which seriously affects their quality of life.

The residents challenge the unsafe image of their neighborhood by placing their experiences in the physical, social and historical context of the neighborhood. First, they indicate that they generally feel safe and problems are caused by a small minority of inhabitants. Second, they indicate that about ten years ago the neighborhood was crime-ridden and now it is in general a safe place. Third, many residents say they suffer little from loitering youth, because they only hang around in certain spots. A few residents do experience structural intimidation, but even in their case this took place some years ago, as is described in the next vignette.

Intimidation

I talk with him in his store where he has been working for years. He says that now it goes well in the neighborhood, including the immigrants. They also come to his shop. »Now you can understand them at least, it used to be different,« he says.

If it is up to the restructuring program and in particular the housing corporation, he must close down and move his family business. He opposed it in a proper, democratic way. He organizes the residents in his street and told the housing corporation that they do not wish to move. But he probably has no chance. The plans are ready to be executed. According to the housing corporation, which is the landlord, his store has no economic prospect in the neighborhood.

But that is not the only thing that bothers him. »There are also those guys, teenagers really, who hang around and annoy people. But lately it is, in fact, quiet compared to some years ago.«

I talk to him as he works in his business. He says that more than one year ago they suffered a lot from those guys. He says that they were indeed of immigrant background, but »that does not matter,« he says. I ask what they did.

»They damaged my car.«

»What have they done?«

»Large scratches on the side of my car and the front window smashed.«

»Did you call the police?«

»Yes, every time, but at first they did not come, or too late.«

He said that at one point he received a different phone number from an agent and that helped, a kind of emergency number. »Within a split second the police stood at the door.«

»Then it stopped?«, I asked him.

»For some time it continued. The worst things was what happened with my daughter. They called her dirty whore and other nasty things.« His wife comes to stand with us and tells her story: »That was the worst thing, I thought. My daughter could not concentrate any more. She was a pupil at the gymnasium and had to skip one year.« The woman said that her daughter gave a party for her birth-

day: »*When her friends went out, they were spit upon by those guys. In their faces and hair.*«
»How did it stop?«
The woman says they have been helped by a council member. He says there had been an incident in his store. »One of these guys came in and did something annoying. He was the leader. I was angry and then it happened. I grabbed him and threw him into the street. His friends saw that and he could not deal with that. Then he said he'd come back and would kill me. I went back to pick something to protect myself, but my wife stopped me. That was probably good. Otherwise, something worse would have happened. Then we called the police. They came right away because he had threatened to kill me. He was immediately arrested. His sister and that boy came to talk to me. They begged me to drop the charges. Otherwise he had to go to jail because he had done more. I showed mercy. Since then he is very polite.«

2 Concluding remarks

The contradictory definitions of the neighborhood play an important role in determining the future of the neighborhood. Who in the political game has the most definitional power, determines what will take place in the neighborhood. In reaction to the findings of my study the professionals stated that the basis of my research was too small to generalize. In reaction to the protest of the residents the housing corporation hired a research company who did a questionnaire which resulted in similar findings as my study. As a result, the housing organization had to change – by law – their plans and decided to demolish fewer houses than they originally intended.

This paper shows how the stigma of an inner-city neighborhood can be viewed as socially constructed by professionals who emphasize certain »social facts« and leave out others. This was contrasted with the conflicting perspective of the residents about the neighborhood. They themselves had a different reading of the same facts, because they were able to put them in the social, historical and geographical context of the neighborhood. Where professionals discuss events that indicate the problematic character of the neighborhood, residents talk about incidents which are not part of their everyday experience of the neighborhood. The residents who have lived in the neighborhood for more than five years put the current situation in a historical context, they see clear progress and indicate periods in which they thought the neighborhood was far worse. The professionals and the organizations they work for continue to act on definitions of the district that are rooted in the past. The first plan to restructure this neighborhood was developed 15 years ago and the social plan stems from problems at the beginning of 2000. Although the professionals state they want to improve the quality of life in the neighborhood their interests differs from the residents. They want to keep their homes. Nowhere in this city can they live so close to the center for comparable rent.

In this article I have combined symbolic interactionist studies concerning social problems with Elias and Scotson's publication »The Established and the Outsiders«. Thus far there has not been any academic cross-fertilization between both bodies of knowledge, which is remarkable considering their similarities. The study of Elias and Scotson opens up the possibility to relate the social construction of social problems to space and the power difference of different categories of persons involved in a neighborhood. In this case, just like in the study by Müller & Van Laar (1991), the major actors in the process of stigmatization were professionals, such as social workers, civil servants and employees of the housing corporation. However, because not one group of residents dominated the area, there was not a situation of outsiders versus established residents within the neighborhood, in which social tensions between different groups of residents could develop.

The narratives of the professionals are backed up by a dominant narrative on gentrification in poor neighborhoods that has existed for at least three decades in the Netherlands. In this narrative on ›redevelopment‹-neighborhoods there is a strong emphasis on crime, bad housing and a lack of social cohesion. The professionals, with their middle class backgrounds and market-perspective are part of the ›established‹, who try to continue their position of dominance by referring to the hegemonic ideology on housing and gentrification.

The professionals confirm their reading of the neighborhood in their professional meetings and use the problem definition which prevails in their organization, in order to continue its policy. By defining the neighborhood as a ›problem area to redevelop‹, they safeguard the flow of money which is needed to maintain the budget for their work (Becker 1963, Best 2008).

I've described several strategies which the professionals use to maintain their definition of the situation: 1) using a middle-class/market perspective to define what is normal/acceptable, 2) telescoping: referring to bad cases 3) decontextualizing of social facts: not acknowledging the effect of urban, regional or (inter-)national processes, 4) the symbolization of social facts: certain acts signify(stereotype) the whole neighborhood, and 5) denying counter information by defining it as an incidental/personal.

In contrast to Elias and Scotsons study, this article includes contextual and dynamic dimensions of the stigmatization process of the neighborhood. In this study this process was related it to wider processes of the Dutch gentrification policy on an local, urban and national level. This study also showed that the relation between the established and the outsiders were not static and one-dimensional: the inhabitants did not accept the negative label, and were able to resist its social psychological and political consequences. They were able to construct a different definition of their neighborhood, for which they contextualized the social facts historically, socially and geographically. Because they made use of the juridical system which benefits renters in the Netherlands, they finally could stop the initial gentrification plans.

In publications on urban gentrification, there has been little attention to the social construction of the stigma of poor urban neighborhoods and how professionals contribute to this negative label. It seems that there is a tendency to accept the dominant doctrine on gentrification and not question it. This might be related to the fact that it is not uncommon that researchers are hired by communities and housing-corporation to research social problems. This study shows that scholars have to be critical and should not take the stigmatizing definition of the professionals for granted, especially because stigma itself contributes to social inequality (Link & Phelan 2001).

I will end with a vignette in which female friends who met in the neighborhood present a differentiated image of this neighborhood.

Melrose Place

In the beginning Judith (40) had to get used to the neighborhood, eight years ago, when she as a single mother with her daughter came to live here. She remembered that she was ashamed when people came to visit her. Also Marije (34) felt in the beginning not quite at ease:

»They are actually very ugly houses. I was embarrassed, but I did have a nice garden.«

In 1990 Gerda (53) was living in a flat in an 5-story apartment building.

»In the beginning it was very restless in the flat, illegal immigrants, subletting, crime, lots of drugs, burglaries. (…) After the demolition of the flats, the neighborhood improved. People were also staying longer in the neighborhood.«

Judith: »I remember that I ran with the pram and I saw someone on the street shooting up.«

Gerda: »I have not seen that for years. No, the neighborhood has certainly improved.«

Over time, the women were settled and they also established contacts with other women in the street. By incident, they say. There was a burglary and one of the women did not want to sleep in her house, she could stay with her neighbor.

When they were waving goodbye to their visitors they happened to talk with their neighbors. »Through a collective garden activity there,« another woman added.
Marion: »In the last years I had more contact. Suddenly I'm more part of the neighborhood. This was because of the garden project.«
They have been a huge support for each other. Sometimes they see each weekly and then they do not meet for three weeks. »Talk, we talk a lot, about anything, about private matters, friends, who does it with whom. That's why we call it Melrose Place.«
One woman had phoned me to say that the neighborhood has another side, a non-problematic way. The women each have each other's keys, help each other, walk each other's dog, get together and discuss their ups and downs.
Judith: »Sometimes there are wild stories about men. (The women all laugh.) The postman, we talked about him. He was attractive.« She pointed to one of the women and said she waited until he came to deliver a parcel. Then she went in her robe to him. They all agree that he is a nice man. One woman says, »he always gave you a good feeling, he would say something nice, give attention to you in a special way.« One of the women has found that the postman was married. He's not working in the neighborhood anymore. They suspect that his wife is behind it. But they do not know for sure. They have to laugh.

References

Allen, T. (2000) Housing renewal: doesn't it make you sick?, *Housing Studies*, 15, pp. 443–461.

Atkinson, R. (2004) The evidence on the impact of gentrification: new lessons for the urban renaissance?, *European Journal of Housing Policy*, 4, pp. 107–131.

Becker, H. (1963) *Outsiders. Studies in the Sociology of Deviance.* New York: The Free Press.

Best, Joel (2008) *Social Problems.* New York/London: W. W. Norton & Company.

Crump, J. (2002) Deconcentration by demolition: public housing, poverty, and urban policy, *Environment and Planning D*, 20, pp. 581–596.

Curley, A. (2007) Dispersing the poor: new directions in public housing policy, in: B. Arrighi and D. Maume (Eds) *Child Poverty in America Today, Vol. 4: Children and the State*, pp. 71–92. Westport, CT: Praeger Publishers.

Elias, N and Scotson, J. (1965) *The Established and the Outsiders. A sociological Enquiry into Community Problems.* Londen: Frank Cass & Co.

Galster, G. (2007) Should policy makers strive for neighborhood social mix? An analysis of the western European evidence base, *Housing Studies*, 22, pp. 523–545.

Gans, H. J. (1993). *People, plans, and policies: Essays on poverty, racism, and other national urban problems.* Columbia University Press.

Goetz, E. G. (2002) Forced relocation vs. voluntary mobility: the effects of dispersal programmes on households, *Housing Studies*, 17, pp. 107–123.

Hogenstijn, M. & Middelkoop, D. van (2008) *Zo werkt dat hier niet. Gevestigden en buitenstaanders in nieuwe sociale en ruimtelijke kaders.* Delft: Eburon

Kempen, R. van and Idamir, M. (2003) Housing allocation and ethnic minority groups: the effects of different housing allocation models on Moroccan households in two Dutch cities, *Journal of Housing and the Built Environment*, 18, pp. 257–268.

Kleinhans, R. & W. van der Laan Bouma-Doff (2008). On Priority and Progress. Forced Residential Relocation and Housing Chances in Haaglanden, the Netherlands. *Housing Studies*, 23, 4, 565–587.

Kruythoff, H. (2003) Dutch urban restructuring policy in action against socio-spatial segregation: sense or nonsense?, *European Journal of Housing Policy*, 3, pp. 193–215.

Lees, L. (2008) Gentrification and social mixing: towards an inclusive urban renaissance?, *Urban Studies*, 45, pp. 2449–2470.

Link, B. G., & Phelan, J. C. (2001). Conceptualizing stigma. *Annual Review of Sociology*, 363–385.

Müller, T., & Van Laar, H. (1991). *Lokaal Vandalisme. Een studie naar vandalismeprojecten.* Amsterdam: Spinhuis.

Smith, N. (1996) *The New Urban Frontier: Gentrification and the Revanchist City.* London: Routledge.

.

Erlebt der Symbolische Interaktionismus in der deutschen Soziologie abweichenden Verhaltens eine Renaissance?

Helge Peters

1

Die zunächst zu erörternde Frage, was man unter »Symbolischem Interaktionismus« zu verstehen habe, hört sich komplizierter an als sie ist. Nicht zu bestreiten ist zwar, dass sich dieser soziologische Ansatz bewegt, verästelt, fortentwickelt. Hans Joas – er gilt wohl als der kompetenteste deutsche Experte auf diesem Feld – hat mehrfach darauf hingewiesen (vgl. etwa 1988: 417 ff.). Joas sagt aber auch, dass es ein relativ eindeutiges, gängiges Verständnis dieses Ansatzes gibt. Dieses Verständnis sei wesentlich durch die Beiträge Herbert Blumers geprägt worden. Joas kritisiert dieses Verständnis unter verschiedenen Gesichtspunkten. Es verenge die Chicagoer Schule (vgl. 1988: 419), Blumers Werk halte zu vielen Fragen zeitgenössischer Gesellschaftstheorie keine Antwort bereit (vgl. 1988: 436), Blumers Version des Symbolischen Interaktionismus beschränke sich darauf, jene Probleme anzugehen, die im konzeptionellen Rahmen der »moral order« liegen usw.(vgl. Joas 1988: 436; vgl. auch Joas 1978: 38). Aber Joas behauptet damit eben auch, dass es ein relativ festes Verständnis des Symbolischen Interaktionismus gibt. Mit Blumers Bemühungen habe der Symbolische Interaktionismus seinen »gängigen Sinn« erhalten (1988: 419). Zusammenfassend schreibt Joas: »Herbert Blumers Werk mit seinen Vorzügen und Leerstellen ist entscheidend für das Selbstverständnis späterer Generationen von Vertretern des symbolischen Interaktionismus« (1988: 435). Neuere Soziologie-Lexika bestätigen das. Der Artikel »Symbolischer Interaktionismus« im 2008 erschienenen »Lexikon Soziologie und Sozialtheorie – Hundert Grundbegriffe« zum Beispiel nennt Blumer als maßgeblichen Vertreter dieses Ansatzes. Hervorgehoben werden die »drei einfache Prämissen«. Sie werden als zentrale Merkmale dieses Ansatzes beschrieben.*

Es gibt also auch gegenwärtig gute Gründe, vom Blumerschen Verständnis des
Symbolischen Interaktionismus auszugehen.

2

Als devianzsoziologische Variante des Symbolischen Interaktionismus gilt bekanntlich der *labeling approach.* Die Struktur dieses Ansatzes und damit seine besondere interaktionstheoretische Figur lassen sich ganz gut beschreiben, wenn
man ihn ins Verhältnis setzt zu jenen drei – oben erwähnten – Prämissen.

Festzustellen ist zunächst, dass die erste Prämisse ganz und gar auch den *labeling approach* kennzeichnet. »Dinge« sind dieser Prämisse zufolge auch Handlungen anderer. Sie haben »an sich« keine Bedeutung. Sie wird ihnen zugeschrieben – in der Regel von Personen und Instanzen mit sog. Definitionsmacht, von
der Polizei etwa oder der Strafjustiz. Im Grunde handelt es sich hier nicht – und
Blumer sagt das auch – um eine Besonderheit des Symbolischen Interaktionismus
(vgl. 1978: 82). Er und damit auch der *labeling approach* übernehmen hier gewissermaßen eine bestimmte Version des Thomas-Theorems, das viele soziologische
Ansätze charakterisiert.

Ein Spezifikum des *labeling approach,* das ihn vom Symbolischen Interaktionismus abhebt, wird deutlich, wenn man den *labeling approach* mit der zweiten
Prämisse abgleicht. Das, was Devianzsoziologen an Interaktionen interessiert, ist
nicht deren Fähigkeit zur Herstellung gemeinsamer Bedeutungen von Handlungen. Zu bedenken ist, dass sich Devianzsoziologen für Interaktionen – z. B. für
Gerichtsverhandlungen – nicht oder doch nur am Rande wegen ihres je gegenwärtigen Ablaufs interessieren, für den jene zweite Prämisse gelten mag. Es geht
diesen Soziologen vor allem um Handlungen, die in der Vergangenheit liegen.
Im Fall der Diebstahlsbeschuldigung etwa will der Richter erkunden, ob »Zueignungsabsicht« vorlag (vgl. § 242 StGB). Dies natürlich nicht – wie Blumer die
zweite Prämisse erläuternd schreibt –, um »seine eigene Handlungsabsicht in gewisser Hinsicht mit den Handlungen anderer in Einklang zu bringen« (1978: 87).

---

*   Diese drei »einfachen Prämissen« müssen hier nicht im Einzelnen dargestellt werden (vgl.
     Blumer 1978: 81 ff.). Zusammengefasst besagen sie, dass Menschen »Dingen« gegenüber auf
     der Grundlage ihrer Bedeutungen handeln, die diese Dinge für sie besitzen, dass die Bedeutungen solcher Dinge aus sozialer Interaktion entstehen, die man mit dem Mitmenschen eingeht und dass diese Bedeutungen in einem interpretativen Prozess benutzt, gehandhabt und
     abgeändert werden (vgl. 1978: 81).

Der Richter muss ja in seinem Leben nicht oder doch nur in Ausnahmefällen mit künftigen Begegnungen des Beschuldigten rechnen. Das *role taking*, das für Interaktionisten von großer theoretischer und forschungsorientierender Bedeutung ist, findet zwar auch in Gerichtsverhandlungen statt und wäre dem Soziologen zugänglich. Es ist aber der für Vertreter des *labeling approach* eher uninteressante Teil der Verhandlung. Interessanter sind für sie die Versuche des Richters die Tat »aufzuhellen«, Versuche also, *vergangene* Handlungen zu rekonstruieren. Es geht nicht oder allenfalls unter ermittlungstaktischen Erwägungen darum, das Verhalten anderer zu antizipieren, um im eigenen Interesse »richtig« handeln zu können. *Role taking* ist hier – wenn man so will – vergangenheitsorientiert und nicht interaktiv. Der Richter will sich »einen Vers machen« auf das, was ihm an Handlungserzählungen zu Ohren kommt. Die Konsequenzen sind nicht »gemeinsame Bedeutung«, sondern Urteile.

Damit hängt eine weitere Besonderheit des *labeling approach* im Rahmen interaktionstheoretischen Denkens zusammen.

Die soziale Interaktion ist »ein Prozess, der menschliches Verhalten formt«, schreibt Blumer (1978: 87). Die Menschen seien »gezwungen im Rahmen der Dinge, denen sie Beachtung schenken, ihr Handeln auszurichten« (ebd.). Das stimmt für Interaktionen mit Verdächtigen, Beschuldigten und Angeklagten z.B. in Gerichtsverhandlungen. Den Devianzsoziologen, der sich am *labeling approach* orientiert, interessiert sich qua Ansatz aber nur am Rande dafür, wie der Adressat der Handlungen des Richters auf die Handlungen des Richters reagiert. Es geht dem Devianzsoziologen um die Frage, wie Devianz »entsteht«, d.h. für ihn: wie Handlungen anderer als Devianz be-deutet werden. Und die Antwort auf diese Frage ergibt sich für ihn aus der Analyse des Interagierens derer, die am Ende mit Geltung definieren können, was der Fall war, welche Handlungen also als Devianz/ Nicht-Devianz *gelabelt* wurden. Auch die Folgen, die diese Bemühungen für den Etikettierten haben, sind für den Labeling-Theoretiker nur ausnahmsweise interessant – und zwar dann, wenn diese Folgen zu Merkmalen von Handelnden werden, an denen sich Devianzzuschreibungen orientieren, Folgen also, die erneutes *Labeln* begründen.

Die dritte Prämisse steht dann wieder ganz im Einklang mit dem *labeling approach*. Man kann sogar sagen, dass mit ihr das Geschehen, das Vertreter des *labeling approach* vor allem interessiert, besonders gut bezeichnet wird. Bleiben wir beim Beispiel Gerichtsverhandlung: Urteile sind ja eben auch Ergebnisse der Kommunikation des Richters mit sich selbst (vgl. Blumer 1978: 84): Ist ihm plausibel, dass sich die Frau des Ministerialrats, in deren geräumiger Krokodillederhandtasche der Warenhausdetektiv eine unbezahlter Flasche Scheuermilch fand, das Reinigungsmittel aneignen wollte? Der Schichtungskontext, in dem der Richter den vergangenen Vorgang wahrnimmt, erschwert ihm die Zuschreibung

»Diebstahl«. Ist die Frau krank, »kleptoman«? Das Labeln ist also ein entschieden interpretativer Vorgang, der sich an den Plausibilitäten des Interpreten orientiert.

3

Um festzustellen, ob es eine Renaissance des Symbolischen Interaktionismus in der Soziologie des abweichenden Verhaltens gibt, eine Renaissance des *labeling approach* also, muss man zunächst einmal den Zeitraum festlegen, in dem die interessierende Entwicklung geprüft werden soll. Die Entscheidung ist in unserem Fall relativ einfach. Interaktionstheoretische Vorstellungen begannen Ende der 1960er Jahre in die deutsche Soziologie abweichenden Verhaltens einzudringen. Zu erwähnen ist hier vor allem der einflussreiche Aufsatz »Neue Perspektiven in der Kriminologie« von Fritz Sack (1968). Ab da könnte man also prüfen.

Welches Material kommt in Frage? Am ehesten wohl einschlägige deutsche Zeitschriften. Der Symbolische Interaktionismus gilt als soziologischer Ansatz. Also wären soziologische Zeitschriften zu untersuchen. In Betracht kommen danach die »Kölner Zeitschrift für Soziologie und Sozialpsychologie« (KZfSS), die »Zeitschrift für Soziologie« (ZfS), die »Soziale Welt« (SozW), der »Leviathan« und das »Berliner Journal für Soziologie«. Zu prüfen wäre etwa, wie sich die relative Häufigkeit der Artikel, die sich am *labeling approach* orientieren, seit Ende der 1960er Jahre in den genannten Zeitschriften entwickelt hat.

Nicht bedacht bei dieser Auswahl der Zeitschriften ist allerdings der Umstand, dass es sozialwissenschaftliche Spezialzeitschriften zur Kriminalität und zu abweichendem Verhalten gibt. Wäre z. B. das »Kriminologisches Journal« (KrimJ) zu berücksichtigen? Die Zeitschrift spielt für das hier zu erörternde Thema eine ganz wichtige Rolle. Man kann sagen, dass der *labeling approach* diese Zeitschrift mit konstituiert hat. Die Verbreitung des KrimJ verweist auf die Bereitschaft, den *labeling approach* zu rezipieren. Aber sagt das etwas darüber, ob der *labeling approach* in der *Soziologie* rezipiert wird? Wir glaubten ja nicht an eine Renaissance des Symbolischen Interaktionismus, erführen wir, dass sich die Autoren des »Wachturm« mehr und mehr an diesem Ansatz orientierten. Die Gründungsgruppe des KrimJ, der Arbeitskreis junger Kriminologen (AjK), hatte jedenfalls zunächst in der etablierten Soziologie einen Außenseiterstatus. Als Publikationsorgan kam das KrimJ für Soziologen, die nicht zum AjK-Zirkel gehörten, zunächst kaum in Frage. Das änderte sich im Lauf der Jahre. Man kommt bei der Beantwortung der Frage, ob und – falls ja – wann sich das KrimJ als soziologische Zeitschrift etabliert hat, um etwas willkürliche Schätzungen nicht herum. Ich nehme an, dass das KrimJ, das 1969 begründet wurde, 1976 auch von etablierten Soziologen einigermaßen anerkannt wurde. Seither könnte das Argument gelten, dass sich das, was sich in der deutschen Soziologie an theoretischen Entwicklungen tat, z. B. die Zunahme der Präferenzen für den Symbolischen Interaktionismus, auch im KrimJ niederschlug.

Mit Blick auf die Frage, ob das KrimJ hier berücksichtigt werden sollte, ist diese Einschätzung ambivalent. Man könnte sagen: Es ist auch unter den genannten Umständen nicht erforderlich, diese Zeitschrift zu berücksichtigen. Sie bleibt die Zeitschrift des *labeling approach* und insofern eine Konstante. Man könnte aber auch sagen: Das KrimJ ist seit 1976 eine für »Fachleute« einschlägige und anerkannte Zeitschrift. In ihr werden Artikel veröffentlicht, die bei Fehlen dieser Zeitschrift in anderen Zeitschriften veröffentlicht worden wären.

Mich überzeugt eher die zuletzt vorgetragene Argumentation. Das KrimJ soll deswegen berücksichtigt werden.

Es gibt noch andere deutsche Spezialzeitschriften, in denen hier interessierende Artikel veröffentlicht werden: »Soziale Probleme« etwa oder die »Neue Praxis« oder die »Neue Kriminalpolitik«. Da die Kapazität des Autors begrenzt ist, werden diese Zeitschriften nicht berücksichtigt. Dieser Verzicht fällt nicht schwer, weil die Soziologie abweichenden Verhaltens nicht zu den Schwerpunkten der genannten Zeitschriften gehört. Die Grenzen der Kapazität des Autors nötigen überhaupt dazu, die Zahl der zu berücksichtigenden Zeitschriften niedrig zu halten: Von den erwähnten Zeitschriften zur allgemeinen Soziologie werden im Folgenden deswegen »Leviathan« und das »Berliner Journal für Soziologie« außer acht gelassen. Dies – wie auch der Umstand, dass die elektronischen Medien nicht berücksichtigt werden – mögen die Gültigkeit der folgenden Auswertung etwas beeinträchtigen.

Ausgewertet werden sollen also Artikel der KZfSS, der ZfS, der SozW und des KrimJ.

Berücksichtigt werden Artikel dieser Zeitschriften, in denen es schwerpunktmäßig um abweichendes Verhalten geht. Vieles allerdings gilt als abweichendes Verhalten. Man muss also auswählen. Dabei orientiere ich mich zunächst und im Wesentlichen an einer auf einer Auswertung einschlägiger Lexika und Wörterbücher beruhenden Aufzählung von Arten abweichenden Verhaltens. Danach werden folgende Verhaltensweisen als Arten abweichenden Verhaltens verstanden: Eigentums- und Vermögenskriminalität, Gewalt (Aggressivität), Drogenkonsum, Prostitution, Homosexualität und Selbstmord (vgl. Peters 2009: 31 ff.).

Es übersteigt die Kapazität des Autors, müsste er alle Artikel der genannten Zeitschriften, in denen schwerpunktmäßig eine oder mehrere dieser Arten abweichenden Verhaltens erörtert werden, berücksichtigen. Ein weiterer Zwang zur Auswahl also: Berücksichtigt werden sollen die Artikel, in deren Überschrift zumindest eine dieser Arten oder Unterarten von ihnen erwähnt werden. Eine »Unterart« von Eigentums- und Vermögenskriminalität etwa wäre Diebstahl, von

Drogenkonsum Alkoholismus. Auch »Oberarten« sollen berücksichtigt werden –
»Kriminalität« z. B. Es müssen natürlich nicht genau diese Begriffe sein. Adjekti-
vische Varianten – »kriminelles«, »delinquentes Verhalten« »kriminelle Karriere«
etwa werden auch berücksichtigt.

    Was heißt »Artikel«? Alle Arten von Abhandlungen: Aufsätze, Diskussions-
beiträge, Forschungspläne usw. Außer Acht gelassen werden Rezensionen und Tagungsberichte.

4

Unter den hier interessierenden Gesichtspunkten und genannten Kriterien wurden die Jahrgänge 1976 bis 2010 der genannten Zeitschriften durchgesehen. Insgesamt entsprachen 177 Artikel diesen Gesichtspunkten und Kriterien.

    Es ist trotz unserer definitorischen Bemühungen nicht ganz einfach, die Frage
zu beantworten, wie viele dieser Artikel sich am *labeling approach* orientieren. Die
meisten Abhandlungen, die wir durchgesehen haben, sind unter soziologie-theo-
retischen Gesichtspunkten kunterbunt. Selten kann man z. B. sagen: Klarer Fall
von polit-ökonomischer Orientierung. Wir müssen deswegen unser Auswahlkri-
terium aufweichen: Wir suchen nach Artikeln, in denen die Orientierung am *labeling approach* ein »wichtiges« Element ist. In ihnen muss der Begriff »labeling
approach« allerdings nicht vorkommen.

    Zu fragen ist: Wie viele dieser Artikel gibt es und wie entwickelt sich der An-
teil dieser Artikel an ihrer Gesamtheit?

    Die Antwort ergibt sich, auch wenn man einmal unser eben formuliertes va-
ges Artikelauswahlkriterium hinnimmt, leider immer noch nicht ohne weiteres
aus dem Ergebnis unseres Versuchs, den *labeling approach* zu definieren. Einiges
ist hier zu erläutern.

    Nicht erläuterungsbedürftig ist wohl, dass Artikel, in denen im Wesentlichen
nach den Ursachen eines als objektiv vorhanden verstandenen abweichenden Verhaltens gefragt wird, Artikel mit sogenannten ätiologischen Fragestellungen also,
nicht berücksichtigt werden. Ist männliche Gewalt der Ausdruck von *doing mas-
culinity* (vgl. etwa Meuser 2003)? Hängt die Entwicklung der Eigentumskriminalität mit wirtschaftlichen Konjunkturen zusammen (vgl. etwa Heiland 1977)?
Das sind Fragen, die mit dem *labeling approach* nicht beantwortet werden können.
Dieser Ansatz spielt in Artikeln dieser Art deswegen auch keine Rolle. 27 der re-
gistrierten 177 Artikel gingen derartigen Fragen nach.

    Etwas schwieriger ist es, Artikel unter den hier interessierenden Gesichts-
punkten einzuschätzen, die sogenannten Karriere-Ansätzen folgen. Der Karriere-
Ansatz gilt ja seit Howard S. Beckers »Outsiders«(1963) als Variante des *labeling*

approach. Er widerspricht aber in seiner üblichen Formulierung den Annahmen dieses Ansatzes. Diese Formulierung besagt, dass der Zugriff der Instanzen sozialer Kontrolle für den Adressaten des Zugriffs soziale Bedingungen schafft – den Rückzug alter Bezugsgruppen, die Verringerung der Arbeitsmarktchancen etwa –, die zu künftiger Devianz disponieren (vgl. etwa Schwartz 1977). Karriere-Annahmen begründen danach üblicherweise eine spezielle These zu den Ursachen von Devianz, sind also mit dem *labeling approach* nicht zu vereinbaren. Deswegen scheiden diese Artikel für uns aus. Als Fälle des *labeling approach* gelten dagegen Karrierethesen, nach denen der Zugriff der Instanzen Adressatenmerkmale schafft, die erneutes Labeln begründen. (Wir haben solche Artikel allerdings nicht gefunden.)

Als dem Geist des *labeling approach* verpflichtet gelten oft sogenannte Self-Report-Studies oder Dunkelfelduntersuchungen. Soll man sie als Fälle des *labeling approach* werten?

Man muss hier unterscheiden. Es gibt derartige Artikel, die darauf zielen, die tatsächliche Häufigkeit und Verteilung von Kriminalität oder Devianz zu ermitteln (vgl. etwa Mansel/Hurrelmann 1998). Angenommen wird, man könne durch intensive Nachfrage und in Orientierung an der Begrifflichkeit der Befragten herausfinden, ob delinquent gehandelt wurde oder nicht. Es wird also unterstellt, dass es Delinquenz objektiv und vor jeder Instanzendefinition »gibt«, dass diese Delinquenz aber als solche nicht erkannt wird. Dies widerspricht offenkundig den Annahmen des *labeling approach:* Handlungen, die nicht von anderen mit Geltung als Devianz definiert werden, sind keine Devianz. Anders sieht es mit Studien aus, die zeigen sollen, dass eine Differenz besteht zwischen den Handlungsdefinitionen der Handelnden und den Fremddefinitionen. Diese Studien entsprechen dem »Geist« des *labeling approach*. Sie sollen – jedenfalls auch – die eigene Wirklichkeit und das Labeling-Potential der Fremddefinition deutlich machen (vgl. etwa Cremer-Schäfer 1976). Studien dieser Art werden als Fälle des *labeling approach* gezählt.

Ähnlich wie Dunkelfelduntersuchungen sind Untersuchungen einzuschätzen, die sich an »Verzerrungsannahmen« orientieren. Sie folgen oft der Gegenüberstellung von *Aussagen* über die Kriminalitätsentwicklung und der »realen« Kriminalitätsentwicklung. Als Indikator dieser Entwicklung gilt oft die Polizeiliche Kriminalstatistik oder die Verurteiltenstatistik (vgl. etwa Reuband 1978). Oft verbinden sich mit solchen Gegenüberstellungen Behauptungen von als ungerecht empfundenen Ungleichbehandlungen (vgl. etwa Geißler/Marißen 1988). Verglichen werden auch Verhaltensweisen und Attitüden von Bewohnern sogenannter Problemgebiete mit den Fremdeinschätzungen dieser Personen. Die oft festgestellte Differenz gilt als Beleg für die Annahme, dass diese Einschätzungen die Betroffenen diskriminieren (vgl. etwa Davies 1979). Derartigen Untersuchungen liegen Annahmen über Tatsächlichkeiten zugrunde, die mit dem *labeling ap-*

proach nicht zu vereinbaren sind. Mit dem *labeling approach* eröffnen sich zwar
Chancen der Kritik an Instanzen und diskriminierenden Personengruppen. Aber
nicht jede Kritik dieser Art ist auch schon ein Fall des *labeling approach*.
Das gilt auch für kritische soziologische Strafrechtsanalysen (vgl. etwa Sack
1977). Deren Ergebnisse sind oft für Untersuchungen, die sich am *labeling approach* orientieren, nützlich, weil sie zur Antwort auf die Frage beitragen, warum
so und nicht anders gelabelt wurde. Theoretisch aber haben solche Analysen
nichts mit dem *labeling approach* zu tun. Oft folgen sie anderen sozialwissen-
schaftlichen Ansätzen – polit-ökonomischen zum Beispiel.

Die Annahme der Definierbarkeit der Dinge, die den Symbolischen Interaktionismus – und nicht nur ihn – kennzeichnen, beeindruckt auch Soziologen, die
via Soziologie Wirklichkeiten schaffen oder verändern wollen. Das Gewaltthema
regt offenbar dazu an. »Gewalt erscheint in vielen Formen« heißt es beispiels-
weise in einem Aufsatz von Rüdiger Lautmann und Peter Thoss (1976). Hier wird
offenbar ein vorgängiger, gewissermaßen wesenhafter Begriff von Gewalt angenommen, der sich unterschiedlich »ausformt«. So wird etwa Arbeitslosigkeit als
Fall von Gewalt verstanden. Solche Vorstellungen mögen durch interaktionistische Annahmen angeregt worden sein. Sie sind aber nicht mit ihnen zu vereinbaren. Diesen Annahmen zufolge kommt es darauf an, zu ermitteln, unter welchen Umständen eine Handlung (die von sich aus keine Definitionen nahelegt,
also kein »Wesen« hat) als Devianz, z. B. als Gewalt, definiert wird. Der dem Symbolischen Interaktionismus implizite Konstruktivismus scheint hier zu Konstruk-
tionsversuchen zu inspirieren.

5

Geht man von dem unter 2. definierten Begriff des *labeling approach,* den unter
4. formulierten Präzisierungen, Konkretisierungen und Ergänzungen sowie unserem ebenfalls unter 4. formulierten vagen Artikelauswahlkriterium aus, so lassen sich nach meiner Einschätzung von der Gesamtheit der 177 Artikel 56 als Fälle
des *labeling approach* bezeichnen – als Fälle also, in denen zu zeigen versucht wird,
dass Handlungen als Devianz unabhängig von der Eigendefinition des Handelnden und jedenfalls auch auf Grund der Kontexte definiert werden, in denen sie
wahrgenommen werden.

Artikel dieser Art greifen Labeling-Fälle auf unterschiedlichsten Ebenen auf.

Zum Beispiel auf der Ebene der Anzeigenerstattung. So schreiben Dirk Enzmann und Peter Wetzels: »Die Ausgangshypothese war, dass die Anzeigenwahr-
scheinlichkeit signifikant erhöht ist, wenn Opfer und Täter eine unterschiedliche
ethnische Herkunft haben« (2000: 148). Die Autoren glauben feststellen zu kön-

nen, dass sich diese Hypothese bestätigt. Personen einer fremden Ethnie werden unabhängig von der Schwere der Tat häufiger als Täter verdächtigt und als solche angezeigt als Personen, die der Ethnie des Anzeigenden zugehören (vgl. Enzmann/Wetzels 2000: 149).

Zum Beispiel auf der Ebene der Gerichtsverhandlung: Aldo Legnaro und Astrid Aengenheister etwa versuchen die urteilsrelevanten Tatrekonstuktionsbemühungen der Richter zu beschreiben. Es heißt in dem Artikel der Autoren: »Des subjektiven Sinns, den die Erlebenden selbst damit verbinden und verbunden haben, werden diese Strukturen (der von den Angeklagten erzählten Selbst-Biographien – H. P.) dann weitgehend enteignet: Biographie wird, zumindest in den tatrelevanten Teilaspekten, retrospektiv normiert und zuschreibend mit jenem Sinn ausgestattet, den Angeklagte damals hätten realisieren sollen« (1995: 34 f.).

Zum Beispiel auf der Ebene der theoretischen Diskussion: Michael Dellwing etwa sieht im Umgang mit dem *labeling approach* noch objektivistische, normative Reste, die sich aus den politischen Orientierungen der Autoren ergeben, die nach der Befreiung von der durch das Labeln erfolgten Stigmatisierung streben. Er empfiehlt u. a. deshalb, »die Verbindung zwischen Label und ›Herrschaft‹« zu kappen. Dann dränge die Feststellung der Stigmatisierung nicht mehr nach deren Bekämpfung. Es bleibe bei der einfachen Feststellung (vgl. Dellwing 2008: 175).

Es überrascht nicht, dass wir im KrimJ den größten Teil der von mir als Fälle des *labeling approach* eingeschätzten Artikel gefunden haben: Von 123 Artikeln sind es 47 (38 %). Die entsprechenden Zahlen und Verhältnisse in den anderen Zeitschriften lauten: KZfSS 26 : 5 (19 %), ZfS 16 : 2 (13 %) und SozW 9 : 2 (22 %).

Es geht in diesem Aufsatz um wissenschaftliche Konjunkturen. Wir fragen deswegen nach der zeitlichen Verteilung der Anteile der als Fälle des *labeling approach* eingeschätzten Artikel an der Gesamtheit. Deswegen wird die Zeit von 1976 bis 2010 periodisiert – und zwar in Zeitabschnitte von jeweils fünf Jahren, so dass sieben Perioden entstehen. Die niedrigen Zahlen der einschlägigen Artikel in den Zeitschriften KZfSS, ZfS und SozW lassen es geraten erscheinen, den jeweiligen Perioden zunächst alle dieser Artikel zuzurechnen (Tabelle 1).

Man muss hier keine Signifikanzberechnungen anstellen: Ein Trend ist nicht zu erkennen. Einen Ausreißer stellt die Periode 1981–1985 dar. Für die Soziologie mag dies die Zeit der größten Attraktivität des Symbolischen Interaktionismus anzeigen. (Unserem Vorgehen entsprechende Untersuchungen anderer Spezialsoziologien mögen hier Klarheit schaffen.) Schon in der nächsten Periode sackt der Anteil wieder auf das Ausgangsniveau. Und da bleiben die uns interessierende Anteile ungefähr.

Kann es sein, dass die niedrige Zahl der einschlägigen Artikel in der KZfSS, ZfS und SozW und damit ein Zufallsmoment den Trend nicht erkennbar werden lassen?

Tabelle 1

Periode	Anzahl der Artikel	Fälle des l. a.	Anteile von 3 an 2
1976–1980	38	11	29 %
1981–1985	22	10	45 %
1986–1990	29	9	31 %
1991–1995	29	9	31 %
1996–2000	23	6	26 %
2001–2005	25	9	36 %
2006–2010	11	3	27 %

Tabelle 2

Periode	Anzahl der Artikel	Fälle des l. a.	Anteile von 3 an 2
1976–1980	30	10	33 %
1981–1985	17	8	47 %
1986–1990	19	8	42 %
1991–1995	18	7	39 %
1996–2000	12	4	33 %
2001–2005	19	7	37 %
2006–2010	8	3	38 %

Wir prüfen das, indem wir nur die uns interessierende Entwicklung der Artikel im KrimJ darstellen (Tabelle 2).

Die Anteile der Fälle des *labeling approach* sind verständlicherweise in allen Perioden höher als bei der Gesamtheit. Aber auch hier ist ein Trend nicht erkennbar. Die Anteile dieser Fälle steigen zunächst. In der fünften Periode entspricht der Anteil dem der ersten Periode. In der letzten Periode ist er dann deutlich höher. Man muss angesichts der niedrigen Zahl der Fälle aber bezweifeln, dass dieses Ergebnis valide ist. Das sieht etwas anders aus bei der vorletzten Periode. Aber ein Vergleich dieser sechsten Periode mit der vierten und dritten Periode hindert uns, hier von einem Trend zu sprechen.

6

Die Präsenz des Symbolischen Interaktionismus scheint sich in der Soziologie abweichenden Verhaltens nicht sehr verändert zu haben. Von einer Renaissance ist hier wohl nicht zu sprechen.

Für Versuche, empirische Befunde zu deuten und zu erklären, ist dieser Befund zunächst etwas unbefriedigend. Differenzen legen Deutungs- und Erklärungsversuche nahe. Aber Konstanz?

Zu bedenken sind hier die politischen, vor allem die kulturpolitischen Hintergründe. Wissenschaftliche Konjunkturen sind auch abhängig von außerwissenschaftlichen Faktoren, insbesondere davon, ob die jeweilige Wissenschaft oder der jeweilige wissenschaftliche Ansatz den politischen Präferenzen meinungsbildender Gruppen entsprechen und zu den dominanten politischen Orientierungen passen.

Ende der 1960er, Anfang der 1970er Jahre begannen in Deutschland sozialdemokratische Orientierungen zu dominieren (vgl. zum Folgenden: Peters 2011: 20). Im Blick auf die Verhaltenswissenschaften besagt das: »Milieutheoretische« und herrschaftskritische Ansätze wurden attraktiver. Die Soziologie (und übrigens auch die Pädagogik) profitierten von dieser Entwicklung. Viele neue Professuren wurden eingerichtet. Nutznießer dieser Entwicklung war gerade auch die Soziologie abweichenden Verhaltens. An den Universitäten Bielefeld, Bremen, Frankfurt, Hamburg, Oldenburg und Wuppertal wurden Lehrstühle geschaffen, deren Denominationen den Inhabern dieser Stellen auferlegten, sich ausführlich mit der Soziologie abweichenden Verhaltens zu befassen. Zunächst wurden noch vor allem die us-amerikanischen, ätiologisch orientierten Kriminalsoziologien – etwa die Robert K. Mertons (1968), Richard A. Clowards/Lloyd D. Ohlins (1960), Donald R. Cresseys (1964) und Albert K. Cohens (1961) – rezipiert. Allmählich aber drangen – insbesondere unter dem Einfluss des schon erwähnten Aufsatzes »Neue Perspektiven der Kriminologie (1968) von Fritz Sack – interaktionstheoretische Orientierungen in die Soziologie abweichenden Verhaltens ein.

Sowohl ätiologische wie interaktionstheoretische Annahmen entsprachen sozialdemokratischen, politisch eher linken Vorstellungen. Erstere eben wegen ihrer »milieutheoretischen« Fundierung, letztere vor allem wegen ihrer herrschaftskritischen Implikationen. Kriminalität – wie überhaupt abweichendes Verhalten – waren nach diesen Annahmen kein Verhalten, sie waren Etiketten. Diese erlangten Geltung, weil sie »von oben« kamen, von der Polizei, der Strafjustiz, von Instanzen, die mit Macht ausgestattet waren. Die Zuschreibung des Etiketts »kriminell« galt als Vorgang, der soziale Ungleichheit voraussetzte und festigte. Diese Zuschreibung war verbunden mit der Schuldannahme, mit der Vorstellung individueller Verantwortlichkeit. Sie ließ sich deswegen auch mit »milieutheoreti-schem« Denken nicht recht in Einklang bringen.

Die Implikationen interaktionstheoretischen Denkens kamen zudem linken Dispositionen entgegen, alles nach seinen Bedingungen zu »hinterfragen«. Die interaktionstheoretisch orientierte Soziologie löst die Vorstellung, die Handlung anderer sei der zu erklärende Grundsachverhalt zugunsten der Annahme auf, die Handlung anderer sei ein umgangsabhängiges, be-deutetes Konstrukt. Diese So-ziologie meint beschreiben zu können, wie etwas zum Sachverhalt wird, dessen vorgängige Existenz die ätiologisch orientierte Soziologie unterstellt. Die inter-aktionstheoretisch orientierte Soziologie erbringt sozusagen eine höhere Entding-lichungsleistung als die ätiologisch orientierte Soziologie.

Die Sozialdemokratisierung der Politik ist in Deutschland Vergangenheit. Die Kulturpolitik begünstigt andere verhaltenswissenschaftliche Orientierungen – neurowissenschaftliche zum Beispiel. Das erschwert die Fortentwicklung der So-ziologie im Allgemeinen und der Soziologie abweichenden Verhaltens im Beson-deren. Der praktische Umgang mit den Phänomenen, für die sich diese Soziologie interessiert, entfernt sich nach allem, was wir wissen, von Vorstellungen, die so-ziologisch orientierter Praxis entsprachen. Folgt man verbreiteten devianzsoziolo-gischen Einschätzungen, so lassen sich zwei Richtungen dieses Umgang erkennen: Die eine Richtung geht von der Schuldvorstellung aus und nimmt an, dass Strafe ein Mittel der Verhaltenssteuerung sei. Die andere Richtung geht von der Vorstel-lung aus, dass man die Entstehung devianter Neigungen nicht verhindern könne und dass es deswegen darauf ankomme, Devianzneigungen an ihrer Entfaltung zu hindern – überwiegend durch technische Maßnahmen.

Beide Richtungen bieten einem soziologisch orientierten Umgang mit De-vianz wenige Anhaltspunkte. Ein ätiologisch orientierter Umgang würde ja von der Annahme ausgehen, dass Devianz mit soziologischen Variablen zu erklären sei – mit Schichtungsvariablen, mit Sozialisationsvariablen z. B. – und die De-vianzbekämpfung deswegen an den mit diesen Variablen bezeichneten Phänome-nen anzusetzen habe. Einem Umgang, der sich am *labeling approach* orientierte, würde die Annahme zugrunde liegen, dass die Schuldzuschreibung ein überflüs-siges und bedenkliches Richterkonstrukt sei. Non-Intervention, Abolitionismus und dergleichen seien anzustreben.

Die von der Soziologie abweichenden Verhaltens inspirierten Praxisempfeh-lungen werden kaum noch nachgefragt – ein Reflex der Dominanz der skizzierten Richtungen des Umgangs mit Devianz. Was die Soziologie abweichenden Verhal-tens betrifft: Die kulturpolitischen Konsequenzen derartiger Vorstellungen sind gut erkennbar. Neun der zehn Professoren, die in Deutschland die Soziologie abwei-chenden Verhaltens zu vertreten hatten, sind mittlerweile pensioniert oder eme-ritiert. Keine einzige Stelle blieb der Soziologie abweichenden Verhaltens erhalten.

Befunde dieser Art machen plausibel, weshalb es eine Renaissance des Symbolischen Interaktionismus in der Soziologie abweichenden Verhaltens nicht gibt. Die Frage ist eher: Warum hält sich der Symbolische Interaktionismus in dieser Soziologie? Warum hält sich diese Soziologie überhaupt? Oder konkreter: Warum finden sich im KrimJ nicht langsam auch neurowissenschaftliche Aufsätze oder Arbeiten, die von der »Abschreckungs-Ökonomie« ausgehen?

Es zeigt sich, dass wissenschaftliche Orientierungen nicht gleich mit ihren institutionellen Grundlagen schwinden. Pensionierte und emeritierte Professoren bleiben oft noch lange nach dem Ausscheiden aus ihrem Beruf aktiv. Und ihre sogenannten Schüler geben mit der Übernahme beruflicher Positionen, auf denen sie mit ihrer Spezialsoziologie nichts anfangen können, ihre wissenschaftlichen und thematischen Vorlieben nicht gleich auf. Einigen gelingt es auch, ihre Stellen subversiv zugunsten der Soziologie abweichenden Verhaltens umzudenominieren oder in ihrem Arbeitsbereich Nischen einzurichten. Deswegen können sich wissenschaftliche Orientierungen trotz Wegfalls ihrer institutionellen Stützen noch eine gewisse Zeit halten – sagen wir: eine Generation. Bleibt es aber bei der skizzierten Kulturpolitik, wird die Soziologie abweichenden Verhaltens das Thema Weniger, die sich von düsteren beruflichen Aussichten nicht schrecken lassen.

Literatur

Abels, Heinz (2008): Symbolischer Interaktionismus, in: Farzin, Sina/Jordan, Stefan (Hg.): Lexikon Soziologie und Sozialtheorie. Hundert Grundbegriffe, Stuttgart.

Becker, Howard S. (1963): Outsiders. Studies in the Sociology of Deviance, Glencoe.

Blumer, Herbert (1978): Der methodologische Standort des Symbolischen Interaktionismus, in: Arbeitsgruppe Bielefelder Soziologen (Hg.): Alltagswissen, Interaktion und gesellschaftliche Wirklichkeit. Symbolischer Interaktionismus und Ethnomethodologie, Reinbek bei Hamburg.

Cloward, Richard A./Ohlin, Lloyd E. (1960): Delinquency and Opportunity. A Theory of Delinquent Gangs, New York.

Cohen, Albert K. (1961): Kriminelle Jugend. Zur Soziologie des Bandenwesens, Reinbek.

Cremer-Schäfer, Helga (1976): Biographie und Interaktion – Eine Analyse der sozialen Funktion von Biographien Abweichender, in: Kriminologisches Journal, Heft 4.

Cressey, Donald R. (1964): Delinquency, Crime and Differential Association, The Hague.

Davies, Clive (1979): Leben, Verbrechen und Vandalismus in einem »Problemviertel« von Merseyside, England, in: Kriminologisches Journal, Heft 3.

Dellwing, Michael (2008): Reste: Die Befreiung des Labeling Approach von der Befreiung, in: Kriminologisches Journal, Heft 3.

Enzmann, Dirk/Wetzels, Peter (2000): Gewaltkriminalität junger Deutscher und Ausländer. Brisante Befunde, die irritieren: Eine Erwiderung auf Ulrich Müller, in: Kölner Zeitschrift für Soziologie und Sozialpsychologie, Heft 1.

Geißler, Rainer/Marißen Norbert (1988): Junge Frauen und Männer vor Gericht. Geschlechtspezifische Kriminalität und Kriminalisierung, in: Kölner Zeitschrift für Soziologie und Sozialpsychologie, Heft 3.

Heiland, Hans-Günther (1977): Konjunktur und Eigentumskriminalität. Skizzierung eines theoretischen Bezugsrahmens und Möglichkeiten der empirischen Überprüfung, Kriminologisches Journal, Heft 3.

Joas, Hans (1978): George H. Mead, in: Käsler, Dirk (Hg.): Klassiker des soziologischen Denkens. Zweiter Band von Weber bis Mannheim, München.

Joas, Hans (1988): Symbolischer Interaktionismus. Von der Philosophie des Pragmatismus zu einer soziologischen Forschungstradition, in: Kölner Zeitschrift für Soziologie und Sozialpsychologie, Heft 3.

Lautmann, Rüdiger/Thoss, Peter (1976): Gewalt in der Gesellschaft und strafbare Gewalt, in: Kriminologisches Journal, Heft 2.

Legnaro, Aldo/Aengenheister, Astrid (1995): »Erzählen Sie mal« – Zur Phänomenologie biographischer Rekonstruktionen in der Hauptverhandlung des Strafverfahrens, in: Kriminologisches Journal, Heft 1.

Mansel, Jürgen/Hurrelmann, Klaus (1998): Aggressives und delinquentes Verhalten Jugendlicher im Zeitvergleich. Befunde der »Dunkelfeldforschung« aus den Jahren 1988, 1990 und 1996, in: Kölner Zeitschrift für Soziologie und Sozialpsychologie, Heft 1.

Merton, Robert K. (1968): Sozialstruktur und Anomie, in: Sack, Fritz/König, René (Hg.): Kriminalsoziologie, Frankfurt a. M.

Meuser, Michael (2003): Gewalt, Körperlichkeit, Geschlechtlichkeit. Überlegungen zur gewaltförmigen Konstruktion von Männlichkeit, in: Kriminologisches Journal, Heft 3.

Peters, Helge (2009): Devianz und soziale Kontrolle. Eine Einführung in die Soziologie abweichenden Verhaltens, Weinheim und München.

Peters, Helge (2011): Langweiliges Verbrechen. Versuch einer Erklärung, in: Peters, Helge/Dellwing, Michael (Hg.): Langweiliges Verbrechen. Warum KriminologInnen den Umgang mit Kriminalität interessanter finden als Kriminalität, Wiesbaden.

Reuband, Karl-Heinz (1978): Die Polizeipressestelle als Vermittlungsinstanz zwischen Kriminalitätsgeschehen und Kriminalitätsberichterstattung, in: Kriminologisches Journal, Heft 3.

Sack, Fritz (1968): Neue Perspektiven in der Kriminologie, in: Sack, Fritz/König, René (Hg.): Kriminalsoziologie, Frankfurt a. M.

Sack, Fritz (1977): Interessen im Strafrecht: Zum Zusammenhang von Kriminalität und Klassen-(Schicht-)struktur, in: Kriminologisches Journal, Heft 4.

Schwartz, Dieter (1977): Wirtschaftskriminalität und labeling approach. Zu Opps Kritik des interaktionistischen Karrieremodells, in: Kriminologisches Journal, Heft 1.

Soziale Dimensionen von Gesundheit
Rituelle Praktiken, moralische Ordnungen und Sinnwelten in einem brasilianischen Candomblé- und Umbanda-Tempel

Markus Wiencke

1 Einleitung

Im euroamerikanischen Raum dominieren medizinische Vorstellungen, nach denen gesundheitliche Beeinträchtigungen als Störungen des psychischen und/oder biologischen Funktionierens konstruiert werden. Mit der umfassenden medizinischen Einflussnahme auf biologische Prozesse wird psychisches und körperliches Leiden aus seiner sozialen Einbettung genommen, individuelle Lebensverläufe werden von moralischen und sozialen Ordnungen und spirituellen Ligaturen getrennt. Damit wird Sinnstiftung im Wesentlichen zur Aufgabe des Einzelnen. Therapeutische Behandlung fokussiert vorwiegend auf die richtige Anwendung von Techniken (vgl. Zaumseil, 2011).

Eine Zentrierung auf das Individuum bei gleichzeitiger Vernachlässigung der soziokulturellen Kontexte, in denen eine Person sich bewegt, findet sich auch in den Ansätzen der Gesundheitspsychologie: In den Konzepten der Selbstwirksamkeitserwartung (Bandura, 1997), der Hoffnung (Snyder & Lopez, 2007), des dispositionellen Optimismus (Scheier & Carver, 1992), des Meaning Making (Folkman & Moskowitz, 2004) oder den spezifischen Formen des religiösen Copings (Pargament, Koenig & Perez, 2000) werden Korrelationen zwischen individuellen Überzeugungen bzw. Einstellungen und der Abwesenheit von Krankheit untersucht. Die Forscher versuchen, möglichst objektive Kriterien für die Abwesenheit von Krankheit zu finden und mit einer empirisch gut handhabbaren Skala das jeweilige Konstrukt zu messen. Antonovsky (1997) hat in seinem einflussreichen Salutogenese-Modell Gesundheit nicht mehr nur als Abwesenheit von Krankheit, sondern im Gegenteil positiv und entwicklungsorientiert konzeptualisiert. Allerdings wird auch hier das Konstrukt des Kohärenzsinns mit Hilfe eines Fragebogens objektiviert, der sich auf das Individuum bezieht.

In der individuumszentrierten Perspektive der erwähnten Ansätze wird psy-
chische Krankheit aus ihrer sozialen Einbettung herausgenommen: Sie lässt sich
dann in der Dyade von Arzt oder Therapeut und Patient mit einem Medikament
oder einer therapeutischen Technik behandeln. Grawe (2000, 2005) hat für die
Psychotherapie überzeugend herausgearbeitet, wie erfolgreich dieser Ansatz in der
westlichen Welt ist. Für Grawe gibt es fünf unspezifische Wirkfaktoren, die The-
rapieschulen-übergreifend gelten. Es gibt den Wirkfaktor der Ressourcenaktivie-
rung, bei dem Therapeuten die Fähigkeiten und motivationalen Bereitschaften der
Patienten als positive Ressourcen aktivieren. Unter dem Wirkfaktor der Problemaktualisierung versteht Grawe, dass Therapeuten ihre Patienten in die Lage ver-
setzen, die Probleme, die therapeutisch verändert werden sollen, unmittelbar zu
erfahren. In diesem Zusammenhang unterstützen die Therapeuten ihre Patienten
aktiv dabei, im Umgang mit ihren Problemen positive Bewältigungserfahrungen
zu machen – was Grawe unter dem Wirkfaktor der Problembewältigung fasst. Der
Wirkfaktor der motivationalen Klärung beschreibt, dass Therapeuten mit ihren
Patienten daran arbeiten, dass diese sich die Bedingungen ihres problematischen
Erlebens und Verhaltens bewusst machen. Der fünfte Wirkfaktor ist die therapeutische Beziehung.

Die therapeutischen Kriterien sind in Grawes Modell an die Dyade aus Therapeut und Patient gebunden. Dabei wird zwar auch das soziale Netzwerk und Umfeld mit einbezogen, aber insgesamt wird dem therapeutischen Kontext in diesem
Modell wenig Einfluss zugesprochen. Ich möchte hingegen die Bedeutung des jeweiligen spezifischen sozialen Kontexts für die Gesundheitsförderung darstellen.
Dabei stelle ich nicht die Dyade von Behandler und Behandeltem in den Mittelpunkt, sondern die Bezugnahme auf soziale Praktiken und moralische Ordnungen. Ich beziehe mich auf Datenmaterial[1] aus einem brasilianischen Candomblé-

---

1   Mein methodisches Vorgehen in der Datenerhebung kann man mit Knoblauch (2001) als fo-
     kussierte Ethnographie bezeichnen. Über teilnehmende Beobachtungen (vgl. Spradley, 1980)
     und insgesamt 18 problemzentrierte Interviews (vgl. Witzel, 1989) habe ich im August und
     September 2004 mein Datenmaterial gewonnen. Die Interviewpartner waren neben den An-
     gehörigen und Klienten des Tempels auch Angehörige eines weiteren Candomblé-Tempels,
     eines kardezistischen Zentrums und eines parapsychologischen Forschungsinstituts in der
     Großstadt Recife im Nordosten Brasiliens. Die meisten Interviews wurden mit Übersetzer
     auf Englisch geführt, einige Interviews auch ohne Übersetzer (Wiencke, 2009). Dabei habe
     ich mich an der Forschungsstrategie der Grounded Theory, insbesondere an Strauss (1998),
     orientiert. Im Jahr 2006 habe ich für meine Dissertation eine weitere Untersuchung in ei-
     ner deutschen psychosomatischen Klinik durchgeführt, in der ein Diskurs über Spiritualität
     die Behandlung beeinflusst. Anschließend habe ich im Jahr 2007 einen ambulant arbeiten-
     den gemeindepsychiatrischen Dienst in Chile mit demselben Forschungsansatz begleitet.
     Der Dienst unterstützt psychisch erkrankte Personen aus der Bevölkerungsgruppe der Ma-
     puche. In meiner Dissertation habe ich ein heuristisches Modell entwickelt, das alle drei
     Forschungssettings integriert. Das Modell beschreibt die Bedingungen, unter denen eine

und Umbanda-Tempel (vgl. Wiencke, 2009, 2011). Hier finden Menschen, die in der westlichen Psychiatrie als psychisch krank gesehen würden, eine ganz andere Einbettung als die psychiatrische. Das Leiden wird als »spirituelles Problem« interpretiert und in der sozialen und hiermit verbundenen spirituellen Welt identifiziert und behandelt. Rituelle Inszenierungen, an die Sinngebungsprozesse geknüpft sind, scheinen hier gesundheitsfördernd zu sein (vgl. Zaumseil, 2011).

Das betrachtete spirituelle Zentrum liegt in der nordostbrasilianischen Großstadt Recife. In dem *terreiro*[2] werden die beiden synkretistischen Glaubensrichtungen Candomblé und Umbanda praktiziert. Die Personen, die hier als Medien Geister inkorporieren, sind in Umbanda und Cadomblé initiiert. Ich möchte kurz beide religiösen Strömungen historisch einordnen und anschließend Einblicke in die Praktiken des *terreiro* geben.

Candomblé hat sich im Zusammenhang mit der Kolonialgeschichte und dem Sklavenhandel entwickelt. Ab Mitte des 16. Jahrhunderts bis zum offiziellen Ende der Sklaverei wurden nach Schätzungen über vier Millionen Sklaven aus Afrika nach Brasilien verschleppt. Hier sollten sie im Nordosten der portugiesischen Kolonie auf den Plantagen arbeiten. Den Begriff › Candomblé‹ kann man auf den Gemeinschaftstanz *candombe* zurückführen, den die Sklaven auf den Kaffeeplantagen tanzten (Krippner, 2000, S. 68 f.). Die ethnischen Gruppen der Ashanti, Fanti, Fons, Fula, Jeje, Male und Yoruba brachten ihre Vorstellungen über die Gottheit *Olorum* und die ihm zugehörigen *orixás*[3] (auch *orishas*) mit nach Brasilien. Die *orixás* waren zwar mächtig und erschreckend, doch man konnte sie mit Geschenken umwerben, zu ihnen sprechen und sie um Unterstützung bitten. Auch andere afrikanische Kosmologien teilten den Glauben der Yoruba an eine sichtbare *(ayé)* und an eine unsichtbare Wirklichkeit *(orúm)*. Das mythologische System bot über Rituale die Struktur für die spirituelle Entwicklung und Heilung der Menschen, die hieran teilhatten (Krippner, 2000, S. 68). In den 30er Jahren des 19. Jahrhunderts wurde der erste Candomblé-Tempel von drei Frauen gegründet, die aus der

---

kontextspezifische Form der Sinnstiftung bei psychischem Kranksein gesundheitsfördernd sein kann. Das in diesem Artikel vorgestellte Material entstammt dieser Arbeit (Wiencke, 2011). Ich danke Dr. Charlotte Trenk-Hinterberger für die hilfreichen Hinweise, die zur Präzisierung meiner Argumentation beigetragen haben. Christin May und Dr. Jutta Reinisch danke ich für das Lektorat. Daneben danke ich den beiden anonymen Gutachtern für ihre weiterführenden Kommentare, die ich versucht habe zu berücksichtigen.

2 Das *terreiro* (brasilianisches Portugiesisch: Gelände, freier Platz) ist im Candomblé der sozioreligiöse Raum, in dem man die afrobrasilianischen Geister bzw. Gottheiten kultiviert. Auch Menschen, die nicht in den Kult initiiert sind, kommen mit ihren Anliegen in das *terreiro* (Scharf da Silva 2004, S. 234). Manchmal werden mit dem Begriff auch die Kulthäuser der Umbanda bezeichnet (Sjørslev, 1999, S. 598).

3 *Orixá* (yorùbá: *orìsá*, abgeleitet von *ori*: Kopf) ist die Bezeichnung für eine Gottheit (Scharf da Silva, 2004, S. 233).

Sklaverei entlassen worden waren. Sie hießen *mães-de-santo*[4], etwa »Mütter des Heiligen«. Allerdings war die katholische Kirche bis 1889 die einzige offiziell zugelassene Religion in Brasilien. Man taufte die Sklaven in Massen, ohne sie zu katechisieren (Pantke, 1997, S. 45). Sie waren dadurch gezwungen, den Candomblé geheim zu praktizieren, sie verehrten verdeckt in den katholischen Heiligen ihre eigenen Gottheiten, die afrikanischen *orixás* (Krippner, 2000, S. 68).

Zu Beginn des 20. Jahrhunderts hat sich die Umbanda in São Paulo und Rio de Janeiro aus den verschiedenen Formen des Candomblé entwickelt. Der Begriff ›Umbanda‹ ist ursprünglich in dem Gebiet des heutigen Angola entstanden und bedeutet etwa ›Heilkunst‹ (Kubik, 1991, S. 160). Über einen synkretistischen Prozess mit den Elementen indigener und europäischer Glaubensvorstellungen hat sich Umbanda zu einer eigenen Religion entwickelt. Zentrale Einflüsse waren die Heiligenverehrung und die Moralvorstellungen des Volkskatholizismus, der Kardezismus, die Zeichen und Vorstellungen der jüdischen Kabbala sowie orientalische Aspekte wie die Geister der Zigeunerinnen, der *ciganas* (Scharf da Silva, 2004, S. 56). Für Figge (1980, S. 35) haben vor allem elf *orixás* in der Umbanda Relevanz, die nicht wie ursprünglich in Afrika als Naturgewalten gesehen, sondern noch mehr als im Candomblé mit moralischen Eigenschaften verbunden werden (Scharf da Silva, 2004, S. 158). Die zentrale Position hat *exú*[5]. Ein unzufriedener *exú* kann sehr schädlich für die Menschen sein, ein zufriedener auf der anderen Seite eine große Hilfe im Leben (Figge, 1973, S. 39, 49–52). Der Glaube an die Inkorporation der Geister und die Fluidallehre sind in der Umbanda wesentlich. In der Fluidallehre existieren zwei spirituelle Energieformen, eine positive und eine negative, die nicht-individuell sind und einander nicht ausschließen. Beide, positive wie negative Energie, werden durch Gedanken, Handlungen, materielle Dinge, Menschen und Tiere, Gottheiten und Geister übertragen. Fehlen positive Einflüsse, erhöht sich bei einem Menschen der relative Anteil negativer Energie. Entsprechend hängt Krankheit mit einem Übermaß an negativer und einem Mangel an positiver Energie zusammen. Werden Geister inkorporiert, ändert sich auch das Energieniveau (ebd., S. 57–61).

---

4 Die *mãe-de-santo* (brasilianisches Portugiesisch: Mutter des Heiligen) ist die ranghöchste weibliche Person in der religiösen Hierarchie des Candomblé und der Umbanda. Sie initiiert die Angehörigen ihres *terreiro* in den Kult und fördert ihre spirituelle Entwicklung (Scharf da Silva, 2004, S. 233).

5 Im Candomblé wird *exú* (aus dem Yorùbà: hier *èsù*: Trickster-Figur) zu den *orixás* gezählt. In der Umbanda gibt es eine Gruppe von *exús*, die als Geister gesehen werden. Sie können auf menschliches Bitten hin gute oder schlechte Taten bewirken (Scharf da Silva 2004, S. 158–163).

2   Sinnwelten, soziale Praktiken und moralische Ordnungen

Die Persönlichkeit seines Leiters beeinflusst die Praxis eines Tempels entscheidend. Der ›Vater des Heiligen‹, der *pai-de-santo*[6] des hier vorgestellten Tempels,
hatte in einer leitenden Position in einer Bank gearbeitet. Als er Ende 30 war, zer-
riss er während seiner Rede im Rahmen einer Feier mit Bankdirektoren im Stadt-
theater mit wilden Armbewegungen sein Hemd und Sakko. Er fühlte sich unwohl
mit diesen Phänomenen, die sich anschließend häuften. Er sah, hörte und inkorporierte Geister und *orixás* (Gottheiten). Der Bankangestellte wehrte sich gegen
den Ruf der Geister, er solle ein Heiler werden. Mehrere Schreckensvorhersagen
der Geister bewahrheiteten sich jedoch und daraufhin fing er an, Menschen die
Hand aufzulegen. Seine Klienten nahmen eine positive Energie und viele auch
eine Verbesserung ihres Wohlbefindens wahr. Über die Jahre verwandelte sich
der Bankangestellte in einen *pai-de-santo*. Vor bald 40 Jahren gründete er den
Tempel, den ich kurz beschreiben möchte: Das etwa 30 Meter lange und 20 Meter
breite Tempelgebäude hat zwei Stockwerke und ein Flachdach. Beim Betreten des
Tempels sollte man demütig seine Schuhe ausziehen und seine Beine bedecken,
wie mir der *pai-de-santo* mitgeteilt hat. Folgt man der Richtung der Eingangstür,
kommt man über eine Treppe in den ersten Stock. Man kann auch vor der Treppe
links abbiegen und einige Stufen in einen Raum hinuntergehen, an dessen Außen-
wand etwa 20 Statuen von *exú* und seiner weiblichen Entsprechung *pomba gira*[7] in
Reihe stehen. Vor den menschengroßen Figuren sind Kerzen entzündet, Früchte
und Alkoholika aufgestellt. *Exú* ist einem Dandy ähnlich, *pomba gira* erinnert an
eine Prostituierte. Zusammen mit den weißen Bodenfliesen und den silbergrau
gefliesten Wänden wirkt der Raum auf mich unheimlich, löst Assoziationen an
eine Friedhofsgruft bei mir aus. Durchquert man den Raum, kommt man in einen etwas höher gelegenen Saal, dessen Fußboden ebenfalls weiß gefliest ist. An
der hinteren Wand stehen neben einer Bühne für Musiker in Mauervorsprüngen
weitere Figuren aus dem Candomblé- und Umbanda-Pantheon: kleine Statuen der
pretos velhos[8] und *pretas velhas* (Geister von Sklaven und Sklavinnen) sowie der

---

6   Der *pai-de-santo* (brasilianisches Portugiesisch: Vater des Heiligen) ist das männliche Ge-
     genstück zur *mãe-de-santo* (Scharf da Silva, 2004, S. 233).
7   *Pomba gira* (aus dem Kimbundu: *pambuanjila:* Kreuzweg) ist das weibliche Gegenstück zu
     exú (Scharf da Silva, 2004, S. 233).
8   Die *pretos velhos/pretas velhas* (brasilianisch: alte Schwarze) sind die Ahnengeister von
     Schwarzafrikaner/innen, die während der Kolonialzeit als Sklaven/innen in Brasilien lebten
     (Scharf da Silva, 2004, S. 234).

caboclos[9] und *caboclas* (Geister von Indianern und Indianerinnen). An der rechts anschließenden Wand stehen weitere dieser Figuren bis zu einer großen Glasfront. Dahinter sieht man in einem getrennten Raum Statuen der *orixás*. Die Gottheiten sind, anders als die anderen Wesen, mit den etwa zwei Meter hohen Abbildern sehr abstrakt präsentiert. Auf der entgegengesetzten Seite des Saals gelangt man über eine Treppe nach oben auf die beiden großen Flure im ersten Stock, die zum Saal hin offen sind. Zwei Kioske mit Getränken, Snacks, Kerzen und Heilmitteln sowie das Büro des *pai-de-santo* mit einer Glastür und kleinere Behandlungszimmer liegen auf den anderen Seiten der Flure. Die Fußbodenfliesen der Flure zeigen Kieselsteine. Diese symbolisieren für den *pai-de-santo* den Anfang der Evolution, die über viele weitere Schritte zum Menschen geführt habe. Mit mehreren Reihen Plastikstühlen sind die Flure zugleich Tribüne und Warteraum für die Ereignisse unten im Saal.[10] Denn jede Woche kommen mehrere hundert Menschen mit unterschiedlichen Anliegen in den Tempel. Der *pai-de-santo* nennt sie neutral ›Ratsuchende‹:

> Dolmetscher: [...] They call them *consulenti*. Means that they are coming here to get an advice.

Für den *pai-de-santo* fördert der Aufenthalt in seinem Tempel das Wohl einer Person und schützt vor negativen Geistern:

> Dolmetscher: He[11] says that if the person goes to a place that is positive he is already healed. But if he goes to a negative place it is also everything is a problem again.
> Interviewer: Like this temple is a positive place?
> Dolmetscher: Yes. [...] Who is here coming in, the bad spirits are tied. He [the *pai-de-santo*] has a security belt. When they pass, it [der »Sicherheitsgürtel«] closes.

In diesem Zitat ist der Gedanke enthalten, dass Gesundheit an einen bestimmten Umgang mit den Geistern geknüpft ist. Diesen Gedanken möchte ich über die Be-

---

9   Die *caboclos/caboclas* (tupi: *kari'boka*: von Weißen abstammend, Halbblutindianer/innen) sind Indianergeister, die im Candomblé und vor allem in der Umbanda kultiviert werden (Scharf da Silva, 2004, S. 229).

10 An anderer Stelle habe ich die lebendigen Inszenierungen mit bunten Lichtern, Musik und farbiger Kleidung detaillierter beschrieben und erläutert, wie hierüber der Einfluss der spirituellen Dimension auf das tägliche Leben der Menschen plastisch wird (Wiencke, 2009, 2011).

11 Die Personalpronomen wechseln in den Interviewzitaten durch die Übersetzung. Hier präsentiere ich nur die englische Übersetzung.

schreibung eines Rituals weiter differenzieren, das sich der synkretistischen Religion der Umbanda zuordnen lässt:

Eine Frau von etwa 35 Jahren kommt zusammen mit ihrem Ehemann in den Tempel und berichtet über Schmerzen überall an ihrem Körper. Sie könne nicht mehr schlafen, sei niedergeschlagen, weine häufig und habe lebensmüde Gedanken. Das Oberhaupt des Tempels, im Folgenden als ›Medium‹ bezeichnet, erstellt über ein astrologisches Computerprogramm eine grobe Skizze dazu, auf welche Art vorige Leben der Frau ihr derzeitiges beeinflussen. Die Klientin kann die Daten als Ausdruck mitnehmen.

Nun setzen sich der Leiter des Tempels und eine Assistentin im Schneidersitz auf den Fußboden. Die Klientin setzt sich, ihm gegenüber, ebenfalls hin. Die Klientin wird aufgefordert, die Fragen der inkorporierten *exús* und *pomba giras* aufrichtig zu beantworten, denn diese könnten sich auch irren oder absichtlich Verwirrung stiften. Dann ist der Leiter für eine kurze Weile ruhig, bis seine Arme zu zittern beginnen und er zum Medium wird. Der inkorporierte Geist ruft über das Medium »Tscha, tscha, tscha!« und nennt seinen Namen, *pomba gira Játeve Mulher*. Die Klientin ist unter anderem von diesem Geist besessen. Nun beginnt ein Gespräch zwischen der Klientin und dem inkorporierten Geist. *Pomba gira Játeve Mulher* stellt zunächst die Frage: »Mag deine Schwiegermutter dich?«. Die Klientin antwortet mit »ja«. Dann fragt der Geist: »Du hast einen Sohn?« Wieder sagt die Frau »ja«. Nun fragt die *pomba gira:* »Gibt der Junge oft an?« Nach dem »Ja« der Klientin berichtet der Geist: »Euer Sohn war in einem vorigen Leben Wissenschaftler. Er wird in Europa studieren. Er ist voller Licht.« Zwischendurch lacht die *pomba gira* durch das Medium wie irre. Wenn die Bewegungen und Zuckungen des Geistes im Medium zu stark werden, beruhigt die Assistentin das inkorporierte Wesen. Das setzt sich auch bei dem als Nächstes inkorporierten Geist *exú Caveíra* fort. Im Dialog aus Fragen des Geistes und den Antworten der Frau ergibt sich: eine Frau habe ihren Sohn begehrt und ein *catimbó* (»Schwarze Magie«) gegen seine Freundin ausgeübt. Doch anstatt der Freundin habe es seiner Mutter, also ihr, geschadet. Jetzt setzt sich ihr Ehemann entsprechend der Aufforderung neben die Klientin und hält ihre Hand bis zum Ende der Behandlung. Der *exú* trennt über das Medium mit weiten Armbewegungen die Verbindungen zum *catimbó*. Dann fasst der *exú Caveíra* mit der rechten Hand des Mediums die rechte Hand der Klientin. Mit erneut ausladenden Gesten der Hände und Arme verschließt der Geist nacheinander die Chakren[12]: Kopf, Augen, Kehle,

---

12 Das Oberhaupt des Tempels sieht den menschlichen Körper als spirituelles Energiesystem mit zehn Haupt- und vielen kleineren Energiezentren. Die zehn Haupt-Energiezentren – in

Nacken, Herz, Leber, unterer Rücken, Basis der Wirbelsäule, Füße, Hände. Bei jedem Chakra lässt der inkorporierte Geist die Hand der Klientin wieder los. Dabei soll sich die Frau auf die entsprechenden Körperteile und damit verbundene Eigenschaften oder bestimmte Personen konzentrieren. Danach erscheinen weitere Geister, die das *catimbó* jeweils trennen und den Körper der Frau verschließen. Dieses *fechar-o-corpo* soll die Frau vor schädlichen Einflüssen schützen. Die Arme des Mediums bewegen sich bei jeder neuen Manifestation in ausdrucksstarken Gesten, seine Mimik ist intensiv und sein ganzer Körper zittert. Die inkorporierten Geister nennen zunächst ihren Namen, dann stellen sie dem Ehepaar Fragen. Häufig machen sie dabei unangenehme, obszöne und direkte Kommentare. Die Assistentin schreibt ihre Namen und relevanten Aussagen mit. *Pomba gira das Almas* (*pomba gira* »der Seelen«) erläutert, dass die Heilung der Klientin von ihren Gedanken und ihrem Vertrauen abhänge. *Exú Molambo* (*exú* »Lumpen«) nimmt Probleme in den Knochen der Frau wahr. Deshalb fasst der Geist ihre Hand mit der Absicht, alles Schlechte in ihr zu entfernen. *Pomba gira Maria Molambo* (*pomba gira* »Maria Lumpen«) berichtet, dass sie der Frau den Wunsch eingegeben habe, zu sterben und sich umzubringen. *Exú Morcego* (*exú* »Fledermaus«) sagt, dass der Frau ihr Essen zwar gut schmecke, aufgrund des *catimbó* (Schwarzer Magie) esse sie es aber trotzdem nicht. *Pomba gira Maria Navalha* (*pomba gira* »Maria Rasiermesser«) sagt den Satz: »Ich schneide dich. Du hast Glück, dass deine Mutter für dich betet. Ich werde deinen Körper verschließen.« Der Geist verlangt von der Frau, sieben Brote und sieben Liter Milch an arme Kinder zu verschenken. Danach trennt der Geist die Verbindungen zum *catimbó* und verschließt den Körper der Frau. Die Behandlung dauert etwa 30 Minuten.

Die Frau kommt mit einem unspezifischen Leiden in den Tempel, das sie und ihren Ehemann im Alltag sehr verwirrt. In der Interaktion mit dem Medium und den Geistern bekommen sie Bedeutungen angeboten, in die sie das Leiden einordnen können. So erhalten sie über die körperlich-mimetische Ebene einen Ansatzpunkt, um zu verstehen, was mit ihnen passiert.

Ich möchte drei Aspekte vorschlagen, mit denen sich eine solche gesundheitsbezogene Intervention strukturieren lässt. Erstens wird hier über die sozialen Praktiken eine sinnhafte Ordnung gestiftet, nach der es gesundheitsförderlich ist, an den Praktiken teilzunehmen. Zweitens ermöglichen die Praktiken einen flexi-

---

Anlehnung an die östliche Philosophie werden sie ›Chakren‹ genannt – reflektieren die Präsenz der *orixás* sowie *exús* und *pomba giras*. Das Modell repräsentiert jedoch nicht allgemein Candomblé und Umbanda.

blen Umgang mit dem Leiden. Und drittens entstehen Ressourcen, die sich als relational und interdependent verstehen lassen.

Die sozialen Praktiken kann man als Ritual auffassen, das zum einen regelhaft
ist und einer formalisierten Ordnung folgt und zum anderen Spielraum für individuelle Variationen lässt (vgl. Audehm & Zirfas, 2001). Auf performative Weise
wird über diese Dialektik eine moralische Ordnung inszeniert, auf die die Teilnehmenden Bezug nehmen: Am Anfang des Rituals wird der Computer mit einbezogen, um moralische Verhaltensmuster in den vorigen Leben zu erkennen. Im
Anschluss wird dann das unspezifische Leiden der Frau in die ebenfalls unscharfe
soziale Repräsentation der Besessenheit eingeordnet. Beides, die regelhafte Ordnung im Ablauf des Rituals und die individuellen Variationen, entstehen über die
Interaktion mit den Geistern.

> Interviewpartner[13]: Or then one of our mediums, they incorporate this spirit
> so that we can talk.
> Interviewer: They incorporate the same spirit?
> Interviewpartner: Yeah, the spirit who is causing the problems, who is the
> main cause of problems.

Für den männlichen Interviewpartner, der als Medium arbeitet, wird durch die Inkorporation ein Gespräch mit den Geistern möglich. Entsprechend führen in dem
oberen Ritual die mit dem Leiden der Frau in Zusammenhang stehenden Geister
über das Medium ein Gespräch mit der Klientin. Dabei gibt es einen normativen
Rahmen, die Inkorporationen haben grundsätzlich den gleichen Ablauf und die
inkorporierten Geister wiedererkennbare Merkmale. In den Behandlungssituatio-
nen, die ich beobachtet habe, saßen das Medium und der Klient oder die Klientin einander immer gegenüber, unspezifisches Leiden wurde stets als Schwarze
Magie und hiermit zusammenhängende Besessenheit interpretiert, und auch die
Geister traten grundsätzlich gleich auf. Innerhalb der strukturgebenden Regelhaf-
tigkeit gibt es nun situative Adaptionsprozesse. Die unscharfe Kategorie der Besessenheit und die des ursächlichen *catimbó* werden in der Inszenierung aus den
Fragen der Geister und den Antworten der Klientin mit spezifischen Bedeutungen gefüllt. Die kollektiven Bedeutungen der Umbanda-Kosmologie werden so
bei den beteiligten Personen auf eine individuelle Art generiert (vgl. Wulf & Zirfas, 2001). Die Frau kann also ihr Leiden verstehen, indem die kollektiven Kategorien der Umbanda über das Ritual auf ihre individuelle Situation bezogen werden.
Wenn die Geister über das Medium lachen oder mit bildhaften Worten und an-

---

13 Dieses Interview wurde ohne Übersetzer direkt auf Englisch geführt. Unten folgen noch wei-
    tere Ausschnitte aus dem Interview.

schaulichen Gesten die Beschwerden erhellen, zeigt sich die wichtige Bedeutung des Körpers in der Inszenierung. Die inkorporierten Geister enthüllen der Klientin über den Dialog aus Fragen und Antworten den Auftraggeber der schädlichen Tat in ihrem eigenen Umfeld. Die Erfahrungen individuellen Leidens können mit den plastischen Schilderungen des *catimbó* in eine Struktur eingeordnet werden. Hierüber wird das unspezifische Leiden an die im Behandlungssetting bestehenden sozialen Repräsentationen (vgl. Moscovici, 1984) angeglichen. Zu diesen gehört die Auffassung, dass die Geister auch falsche Aussagen treffen können. Somit hat die Klientin auch einen gewissen eigenen Interpretationsspielraum, innerhalb dessen sie den Aussagen der inkorporierten Geister widersprechen kann. Doch dieser ist durch die grundsätzliche Machtstruktur eben auch sehr begrenzt, zumal die Frau aufgrund ihres Leidens sehr verunsichert wirkt.

Mit der sinnstiftenden Ordnung hängt ein flexibler Umgang mit der sozialen Bedeutungswelt eng zusammen. Am besten lässt sich dieser Gedanke an dem Konzept des Mediums erläutern. Im oberen Ritual inkorporiert das Medium dieselben Geister, die die Klientin leiden lassen. Über das Medium kann die Frau dann mit ebendiesen Geistern kommunizieren. Es ist nicht bestimmbar, ob sich die Geister innerhalb oder außerhalb der Frau befinden. Man kann Behrend und Luig (1999) zustimmen, dass die Geister über einen reziproken Interpretationsprozess zwischen den beteiligten Personen entstehen. Dafür ist die Differenzierung zwischen Besessenheit und Inkorporation sehr wichtig.

Interviewpartner: Well, incorporation is something that we do when you want. And the obsession is something that is with you, but (which) you don't want. It brings you some evil. Sometimes you can incorporate the obsessor, o.k.? […] the obsessor, we say is like an evil spirit that's around us. […] When you, when you, when you incorporate, we sometimes change our habits. The way we speak, the way we act. Something has, has to change for the incorporation to be clear. So that you can see the incorporation, and the obsessor is there. But you don't need to incorporate the obsessor to know that there is an obsessor with you. And can you understand the difference?
Interviewer: Yes.
Interviewpartner: Because the incorporation, the incorporation is like an ability with you. An ability you have. And the obsessor is, is a kind of a spirit. We can say that we have good spirits and bad spirits. We have good spirits and bad spirits and the obsessor is a bad spirit. And we can incorporate the obsessor and then it is just a normal one, a normal spirit, just this.

Für den Interviewpartner, der selbst ein Medium ist, lassen sich Besessenheit und Inkorporation über die Intention unterscheiden. In dem oberen Ritual werden beide Kategorien verbunden, indem das Medium den bösen Geist der Besessenheit inkorporiert. Hierüber verändert sich für den Interviewpartner der schädliche Geist der Besessenheit und wird normalisiert. Wenn der Geist also zum Alltag der Frau gehört und sie in Besitz nehmen und gleichzeitig auch von dem Medium inkorporiert werden kann, dann scheint man Flexibilität erleben zu können. Die fließenden Übergänge zwischen den sozialen Repräsentationen der Besessenheit und der Inkorporation werden im Ritual plastisch aufgeführt. Die soziale Welt erscheint somit als beweglich und entsprechend als im Ritual beeinflussbar.

> Interviewpartner: [...] It's like an exchange. You have to exchange things. [...] It's like a way, we are like a tool, instruments of communication between the spirits and the ones who are in need of help. And through this communication we gain things, too, we develop ourselves. You see? So it's an exchange. We are like tools, instruments of help.

Wichtig ist in diesem Zusammenhang der Hinweis desselben Interviewpartners, dass sich die Medien über die Kommunikation mit den Geistern und Klienten selbst positiv verändern würden. In der oberen Inszenierung scheinen Ressourcen enthalten zu sein, die ich als dritten Aspekt herausarbeiten möchte.

> Interviewer: So somehow you treat the obsession and not the person?
> Interviewpartner: I don't know if it's to doctrinate, is it correct? You understand?
> Interviewer: Yes, I think so.
> Interviewpartner: To doctrinate, doctrination, we call (it) doctrination, we try to talk to this spirit, try to convince him that he, the spirit is wrong. We try to show that something is wrong, is not right to stay here anymore. It is a spirit and so go to the right place and then when the person gets rid of this spirit we then can treat the person.

Im dem oberen Ritual wird das Leiden der Frau auf das Wirken der Geister zurückgeführt. In diesem Zusammenhang weist der Interviewpartner darauf hin, dass das Medium mit den Geistern auf eine bestimmte Art kommunizieren würde, damit diese die Person verlassen. Hierin ist die Ansicht enthalten, dass das Leiden, das mit den Geistern zusammenhängt, getrennt von der Person ist. Die Medien erlangen im günstigen Fall Kontrolle über die Geister, wie der *pai-de-santo* erläutert.

> Dolmetscher: He says that the spirit is loosed, chained, so in a tie. You know to
> tie? To tie is this. Tied, chained with the chains. Prison, o. k., in prison. How do
> you say? Is prisoner, there is only this prisoner, in a chain really tied.

In der dialektischen Beziehung – die besessene Person ist von den Geistern gefangen und gleichzeitig nimmt das Medium im Ritual die Geister gefangen – ergibt
sich die Möglichkeit, die Person weiter zu behandeln.

> Interviewpartner: [...] We try to talk to the person because they need to talk.
> We need to talk with this person. We need to make these people sure that they
> have the control. They cannot lose the control over the situation because the
> spirit cannot take your place. They cannot control us. We have to make, it's like
> a deal. We have to make a deal. It's a balance, if I want and it wants. O. k., but
> it cannot be that it's stronger and I will be weak. No, we are equal. It has to act
> in harmony. And those people are not in harmony and we have to make these
> people to clear, show that they have the control. They cannot lose the control.

Das interviewte männliche Medium bezieht sich hier erneut auf die oben zitierte
Differenzierung von Besessenheit und Inkorporation über das Kriterium der Intention, das mit dem Begriff der Kontrolle zugespitzt wird. Vor diesem Hintergrund lässt sich Besessenheit als Kontrollverlust interpretieren. Damit würde das
obere Ritual einen Versuch darstellen, die eigene Kontrolle gegenüber den Geistern zu erhöhen. Das Konstrukt der Selbstwirksamkeitserwartung differenziert
Bandura (1997) in den Aspekt der Kompetenzerwartung – verstanden als Glaube,
selbst erfolgreich Handlungen durchführen zu können – und in den Aspekt der
Konsequenzerwartung – des Glaubens, dass diese Handlungen dazu beitragen
können, ein bestimmtes Ziel zu erreichen. In dem oberen Zitat und in dem Ritual kann man die beiden Aspekte in einem ganz anderen Zusammenhang finden.
Denn im Ritual wird die eigene Erwartung unter Bezugnahme auf die moralische
Ordnung der Geister gestärkt: dass der Einfluss der Geister abnimmt und man
wieder mehr Kontrolle über sein Leben gewinnt. Anders als in Banduras Modell
ist hier die soziale Dimension wesentlich. Indem das Leiden als *catimbó* charakterisiert wird, wird auch die Möglichkeit eröffnet, es zu beeinflussen. Die Diagnose
ist mit der Lösung von dem Leiden verbunden, beides wird über die Gesten und
bildreiche Sprache sehr plastisch vermittelt. Die Frau kann sich von ihrem Leiden
distanzieren und dann sinnlich mit ihm über das Medium kommunizieren. In
der Bezugnahme auf die moralische Ordnung der Umbanda verflüssigen sich die
Grenzen zwischen Behandelndem und Behandelter, zwischen Innen und Außen.
Es sind die Geister, die gleichzeitig krank machen und heilen. Über die Zuschreibung auf die Geisterwelt wird es möglich, die Verbindungen zu den Geistern zu

trennen, die individuelles Leiden verursachen. Der Ehemann wird körperlich mit einbezogen, nach Aufforderung setzt er sich neben seine Frau und hält ihre Hand. In den Interviews wurde betont, dass die Probleme der Klientinnen und Klienten mit ihren familiären Beziehungen zusammenhängen würden.

> Interviewpartner: Because it won't work if you take one, like you have, you have a puzzle, you take a piece. And then you clean it and the rest is dirty, you put it there, it will be ugly. (männliches Medium)

Das Leiden wird in der Interaktion mit den Geistern in das familiäre Umfeld der Patientin eingebettet. Defizite in den sozialen Beziehungen des Alltags scheinen in der Inszenierung auf eine zu der Frau passende Art präsentiert zu werden. Umgekehrt wird die individuelle familiäre Situation mit den kollektiven Bedeutungen von Besessenheit, Inkorporation und Geistern verknüpft, worüber die individuelle Situation wiederum als flexibel handhabbar erscheint.

> Dolmetscher: They are going to take out the spirit that is doing this. And with the treatment he is going to, to be well. (männliches Medium)

In dem Ritual wird vermittelt, dass die Leiden verursachenden Geister die Frau wieder verlassen können.

> Dolmetscher: We try to, it's only thoughts, I am sick, I am sick. Everything is going to be bad, negative thoughts. And we try to develop, take care so that he is disobsessed of the obsession. No one goes out obsessed from here.
> Interviewer: So every obsession can be healed?
> Dolmetscher: Yes.

Die interviewten Medien und Klienten gehen davon aus, dass Leiden grundsätzlich über rituelle Praktiken beeinflusst werden kann. Die zitierte Interviewpartnerin, die als Medium arbeitet, sieht Besessenheit durch negative Gedanken gekennzeichnet. Weiterführend erscheint mir in diesem Zusammenhang, die Konstrukte der ›Hoffnung‹ (Snyder et al., 1991) und des ›dispositionellen Optimismus‹ (Scheier & Carver, 1992) als Abgrenzungsfolie zu verwenden. Das Konstrukt der Hoffnung wird in den Glauben einer Person unterschieden, dass ein gewünschtes Ergebnis möglich ist, und in die Visualisierungsfähigkeit der Person, wie dieses Ergebnis möglich werden kann (Snyder et al., 1991). In den Interviews wurde betont, dass man an den Erfolg der rituellen Behandlung auch tatsächlich glauben müsse, um wieder zu genesen.

> Interviewer: And if you don't have faith you can still be cured?
> Dolmetscher: No, you have to believe. (Klientin)

Ich möchte mich der These von Wulf und Zirfas (2001) anschließen, dass das Ritual vollzieht, was es bezeichnet. Das heißt, über die Inszenierung mit ihren mimetischen und ludischen Aspekten könnte ebendieser Glaube gefördert werden, dass die Inszenierung gesundheitsförderlich ist. Die aktive Einbeziehung des Ehemannes als vertraute Person aus dem Alltag scheint förderlich für diesen Glauben zu sein. Anders als in dem Konstrukt der Hoffnung weist mein Datenmaterial in diesem Zusammenhang aber nicht auf kognitive, sondern auf mimetische Elemente hin, die sich wiederum auf die soziale Welt der Geister beziehen. Das Konstrukt des ›dispositionellen Optimismus‹ (Scheier & Carver, 1992) charakterisiert die subjektive Einschätzung, alles werde gut verlaufen, die sich in einer generalisierten Ergebniserwartung widerspiegelt: Tendenziell werden auch in schwierigen Situationen positive Resultate erwartet. In den Interviews findet man zwar eine ähnliche Einstellung, diese ist aber nicht als Persönlichkeitseigenschaft zu verstehen, sondern relational ausgerichtet und wiederum auf die moralische Ordnung der Geister bezogen.

> Interviewer: And what changes through the treatments in the temple? Through the rituals we have just seen? What changes in the person?
> Dolmetscher: It depends on the faith. If you have trust, if you trust it's fast. […]
> Interviewer: So the bad spirit leaves the person?
> Dolmetscher: In the same time, in the same hour. (der *pai-de-santo*)

Das Ritual fördert in diesem Sinne eine optimistische Einstellung und die Hoffnung auf Genesung, was man als Ressourcen bezeichnen könnte. Die grundsätzlich positive Einstellung, dass das Leiden der Frau von ihr getrennt sei und die Frau entsprechend wieder verlassen könne, steht in Zusammenhang mit der Bezugnahme auf die moralische Ordnung der Geister. Meinen Fragen lag die Annahme zugrunde, dass sich mit dem psychischen Kranksein eine Person grundlegend verändere. Doch für den *pai-de-santo* kann der Geist die Person wieder verlassen, wenn diese darauf vertraue. Damit scheint sich nichts an der Persönlichkeit zu ändern. In diesem Zusammenhang möchte ich auf das oben angesprochene Gleichgewicht zwischen einer Person und den Geistern zurückkommen. Das oben zitierte männliche Medium spricht auch eine moralische Komponente an.

> Interviewpartner: […] But we can, we can incorporate a bad spirit, we have to, but we have to be prepared, developed. Because some people think that we only

receive, we only incorporate good spirits. We incorporate bad spirits, but their purpose is different. When we incorporate a bad spirit, we try to doctrinate, to convince the spirit that he is in the wrong place and he is doing wrong things. But when we incorporate a good spirit it is to develop ourselves, and sometimes to do something good, someone, to help someone, to give some advice.

Über die Differenzierung in gute und schlechte Geister bekommen die Medien auch selbst aktiven Einfluss auf die moralische Ordnung zugesprochen. Sie können die inkorporierten schlechten Geister moralisch entwickeln und repräsentieren sie nicht nur. Optimismus und Hoffnung werden auch über die moralischen Vorstellungen geweckt, dass die guten Geister über die Medien den leidenden Personen Lösungen bieten bzw. den Medien selbst helfen. Das Konzept des Mediums selbst scheint ein moralisches zu sein.

Interviewer: Yes. Can everybody become a medium?
Dolmetscher: She says that everybody can be a medium and you have to work the charity that you have inside you to be later more close to God. (weibliches Medium)

Plastisch wird in dem oberen Ritual Flexibilität zwischen Gesundheit und Krankheit inszeniert. Entsprechend könnte die Hoffnung geweckt werden, dass man sich spirituell entwickeln und damit mehr Einfluss auf die krank machenden Geister gewinnen kann. Möglicherweise ist Besessenheit dann eine Aufforderung, genau das zu tun.

Dolmetscher: We all have mediunity.
Interviewer: Yes.
Dolmetscher: You need to develop.
Interviewer: And the persons that are possessed they develop it?
Dolmetscher: Yes. (weibliches Medium)

Genesung findet nur dann statt, wenn die Beziehung zur Geisterwelt verändert wird, in der wiederum umfassende Ressourcen gesehen werden. Durch das oben beschriebene Ritual wird das unbestimmte Leiden der Frau mit der religiösen Ordnung in Beziehung gesetzt und entsprechend strukturiert. Das kann für die individuellen Leidenserfahrungen einer Person Entlastung bringen. Es ist ein sinnlich-körperlicher Austauschprozess zwischen der Frau, ihrem Ehemann, dem Medium und den Geistern, in dem die Diagnose aufgrund bestimmter sozialer Repräsentation von Besessenheit, Medien, Geistern und Schwarzer Magie zustande kommt.

Als mit mir ein *desobsessão*-Ritual durchgeführt wurde, war in den Aussagen der Geister auch meine Familie präsent. In der Behandlung fühlte ich mich ungewöhnlich emotional einbezogen. Denn Wesen, die für mich gänzlich fremd waren, verkörperten sich in dem Medium und beschrieben mir durch dieses, dass ich von ihnen besessen sei. Auf bestimmte Weise war das Fremde damit in mir. Die inkorporierten Geister sind an der Entstehung und Aufrechterhaltung, an der Diagnose und an der Lösung maßgeblich beteiligt. Plastisch werden die Verbindungen zu den Ursachen des Leidens über das Medium getrennt, vor dem Hintergrund der fließenden Grenzen zwischen den Repräsentationen. Vieles weist darauf hin, dass die mit Besessenheit, Medium, Geistern und *catimbó* konnotierten Bedeutungen an die rituelle Vermittlung gebunden sind. Entsprechend fördert die ästhetische Qualität des Rituals maßgeblich seine Glaubhaftigkeit.

3   Schlussfolgerungen

In den Modellen der Gesundheitsförderung wie Selbstwirksamkeitserwartung (Bandura, 1997), Kohärenzsinn (Antonovsky, 1997), Hoffnung (Snyder & Lopez, 2007) oder dispositioneller Optimismus (Scheier & Carver, 1992) werden persönliche Dispositionen als Basis für die Bewältigung von Stress angenommen. Die Konzepte sind stark kognitiv und individuumszentriert ausgerichtet, mehr oder weniger situationsabhängige subjektive Bewertungen stehen im Mittelpunkt. Mögliche Zusammenhänge mit lokalen Kontexten sind in den Konzepten nicht ausreichend reflektiert, über den spezifischen Kontext wird entsprechend wenig ausgesagt. Ich habe im vorangegangenen Abschnitt neben der Bedeutung des Kontexts auch auf performative Aspekte hingewiesen, die mit der Körperlichkeit der beteiligten Personen zusammenhängen (vgl. Wulf, 2005). Dem Körper kommt als Speicher sozialer und kultureller Erfahrung eine wichtige Rolle zu (vgl. Bourdieu, 1993). Ich möchte nun Grawes (2000, 2005) fünf allgemeine Wirkfaktoren noch einmal aufgreifen und in Abgrenzung hierzu die Besonderheiten meines Datenmaterials erläutern, in dem der spezifische Kontext ein großes Gewicht erhält.

Der Wirkfaktor der Ressourcenorientierung umfasst bei Grawe Aspekte, die mit dem Klienten und seinem sozialen Umfeld zusammenhängen, die er also in die Behandlungssituation mitbringt. In dem vorgestellten Datenmaterial finden sich demgegenüber eher Hinweise, dass in den sozialen Praktiken des Tempels Ressourcen entstehen, die die Klienten im günstigen Fall für sich nutzen können. Über die Interaktion mit den Geistern wird im oberen Beispiel das Leiden der Frau als ›spirituelles Problem‹ diagnostiziert. Dabei scheint die Diagnose zum Alltag der Klientin anschlussfähig zu sein, weil ihre Rolle als Mutter aufgegriffen und über den *catimbó* mit den Bedeutungen der Candomblé- und Umbanda-Kosmo-

logie in Beziehung gesetzt wird. Im Gespräch mit den sinnlich erlebbaren Geistern eröffnen sich Ressourcen, weil über die inkorporierten Geister direkt auf die
Ursachen des Leidens Einfluss genommen werden kann. Im Ritual wird über die
kontinuierliche Interaktion mit den Geistern die individuelle Leidenserfahrung in
eine moralische Ordnung integriert und hierüber strukturiert. Grawe charakterisiert mit dem Wirkfaktor der Problemaktualisierung die individuellen Probleme
des Klienten. Diese werden in der therapeutischen Situation bewusst und erleb-
bar gemacht. Demgegenüber ist der Bewusstmachungsprozess der Probleme im
untersuchten Tempel an eine soziale Dimension gebunden. Über die Interaktion
mit den – kollektiven Bedeutungsmustern entsprechenden – Geistern werden die
Probleme für die Frau und ihren Ehemann präsent und erfahrbar. Das Medium
verkörpert die Geister, an die die Probleme auf sinnliche Art gebunden sind. Das
heißt, die individuellen Probleme können nur im Rahmen der gegebenen moralischen Ordnung über das Medium erlebt und interpretiert werden. Anders als bei
Grawes drittem Wirkfaktor, dem der Problembewältigung, setzt das Behandlungs-
ritual an dem alltäglichen Kontext an, in den die mit den Problemen verbundenen
Gefühle eingebettet sind. Die Klienten und ihre Familienangehörigen können den
Tempel wöchentlich aufsuchen und an den Feiern und Beratungsangeboten teil-
nehmen, die ich an anderer Stelle beschrieben habe (vgl. Wiencke, 2009). Die Bewältigung der Probleme kann nur über die Interaktion mit den Geistern gelingen
und damit auch über die Integration in die moralische Ordnung, innerhalb derer
die Geister über die Medien agieren. Grawe konzeptualisiert den Wirkfaktor der
motivationalen Klärung als die Einsicht eines Klienten in die Bedingungen, die
dazu beitragen, dass seine Probleme weiter bestehen. Diese Einsichtsprozesse sind
dann an die Dyade aus Therapeut und Klient gebunden. Im Unterschied hierzu
finden die Klärungsprozesse im Tempel in einer spezifischen Gruppensituation
statt: Der Behandelnde inkorporiert als Medium die Geister, die mit den Problemen der Klientin zusammenhängen und gleichzeitig auch Lösungen ermöglichen.
Diagnose und Behandlung verlaufen parallel, indem von der Ursache, dem *catimbó*, ausgehend, die Probleme in den sozialen Alltagsbeziehungen der Klientin
gesehen werden. Einer Frau aus dem sozialen Umfeld des Sohnes wird in der Interaktion mit den Geistern die böse Tat zugeschrieben und gleichzeitig entstehen
in der sinnlichen Inszenierung Lösungsangebote. Im Gespräch zwischen der Frau,
ihrem Ehemann, dem Medium und den Geistern kann eine Wertekongruenz (vgl.
Kelman, 2006) darüber entstehen, dass die Frau von Geistern besessen und entsprechend im Ritual erfolgreich behandelt werden kann. Hierfür ist m. E. Voraussetzung, dass es grundsätzlich einen Glauben an Schwarze Magie im Alltag der
Klientin gibt. Im Ritual wird dieser Glaube entsprechend bestätigt, wenn auf performative Weise die konkrete magische Tat konstruiert wird (vgl. die Arbeit von
Evans-Pritchard zu den *Azande*, 1988). Grawes fünften Wirkfaktor der therapeuti-

schen Beziehung kann man im Tempel nicht an den beteiligten Personen verorten. Der Einfluss der moralischen Ordnung, die sich in der Verkörperung der Geister zeigt, dominiert das individuelle Verhalten. Entsprechend entsteht die Beziehung zwischen der Klientin, den Geistern und dem Medium. Die Beziehung vermischt sich prozessual mit dem Kontext, der spezifische sinnliche und ästhetische Qualitäten besitzt, die die Beziehung durchdringen.

Ich möchte diese detaillierten Überlegungen nun weiter zu einigen Thesen abstrahieren. Erich Wulff (1992) differenziert zwischen Sinn und Bedeutung. Sinn ist für ihn die subjektive Bezugnahme auf verallgemeinerte Bedeutungen. In den vorgestellten sozialen Praktiken wird eine gesundheitsbezogene Sinnstiftung – das heißt, die Einordnung des individuellen Leidens der Frau in die kollektiven Bedeutungen des Tempels – sinnlich inszeniert. Die Frau kann sich damit als Teil dieser gesundheitsförderlichen Praktiken erleben. In meinem Datenmaterial fanden sich Hinweise, dass in den sozialen Praktiken drei Phänomene erzeugt werden, die für ein derartiges Sinnerleben notwendig sind. Erstens sind die sozialen Praktiken auf eine bestimmte Art geordnet: In der szenisch-körperlichen Inszenierung wird die Bedeutungswelt des Tempels sehr anschaulich dargestellt. Eine Person, die hieran teilnimmt, erlebt eine bestimmte Ordnung von Bedeutungen, über die sie ihr individuelles Leiden strukturieren kann. Hierüber kann die Person ihr Leiden grundsätzlich verstehen. Zweitens ist eine bestimmte Art von Flexibilität relevant: In der rituellen Inszenierung erleben die teilnehmenden Personen fließende Übergänge zwischen den Elementen der Bedeutungswelt im Tempel. Die Bewegung der Bedeutungswelt wird performativ vorgeführt. Über die bewegliche Bedeutungswelt erscheint damit auch das individuelle Leiden der Klientin als flexibel handhabbares und beeinflussbares Beziehungsnetz. Drittens ermöglicht die Teilnahme an den sozialen Praktiken im Tempel den Zugang zu Ressourcen, die mit der moralischen Ordnung der Geister zusammenhängen. Wenn die drei Aspekte zusammenwirken, kann sich eine hieran teilnehmende Person als Teil eines sozialen Geschehens erleben. So kann sich bei ihr die Überzeugung bilden, dass sich bei ihr die gleiche Wirkung ergibt, wie sie in der Bedeutungswelt präsentiert ist, die in den sozialen Praktiken vermittelt wird – nämlich, dass die Teilnahme an diesen Praktiken gesundheitsförderlich ist (vgl. Wiencke, 2011).

Im Mainstream der Psychologie und Psychiatrie wird psychisches Leiden als individuelle Störung konzeptualisiert. Entsprechend zielen die Therapien darauf ab, die biologischen und psychischen Mechanismen eines Individuums zu verändern. Außerhalb des euroamerikanischen Raums scheinen hingegen eine gemeinschaftsbezogene Konstruktion des Selbst und seine Genesung über Praktiken, die an moralisch-spirituelle Ordnungen gebunden sind, sehr verbreitet zu sein (vgl. Hörbst, 2008; Kleinman, 1996; Otten, 2006; Whyte, 1989). Soziale Praktiken, moralische Ordnungen und Sinnwelten bilden eine wichtige Brücke zwischen »individual« und »public health«. Für die Entwicklung einer umfassenden Gesundheitswissenschaft haben sie entsprechend große Relevanz (vgl. Zaumseil, 2011).

Literatur

Antonovsky, A. (1997 [1987]). *Salutogenese. Entmystifizierung der Gesundheit.* Hg. von Alexa Franke. Tübingen: dgvt-Verlag.
Audehm, K. & Zirfas, J. (2001). Familie als ritueller Lebensraum. In C. Wulf, B. Althans, K. Audehm, C. Bausch, M. Göhlich, S. Sting, A. Tervooren, M. Wagner-Willi & J. Zirfas, *Das Soziale als Ritual. Zur performativen Bildung von Gemeinschaften* (S. 37–116). Opladen: Leske + Budrich.
Bandura, A. (1997). *Self-efficacy: The Exercise of Control.* New York: Freeman.
Behrend, H., & Luig, U. (1999). Introduction. In H. Behrend & U. Luig (Eds.), *Spirit Possession: Modernity and Power in Africa* (pp. xiii–xxii). Madison, WN: The University of Wisconsin Press.
Bourdieu, P. (1993 [1980]). *Sozialer Sinn. Kritik der theoretischen Vernunft.* Frankfurt a. M.: Suhrkamp.
Evans-Pritchard, E. E. (1988 [1937]). *Hexerei, Orakel und Magie bei den Zande.* Frankfurt a. M.: Suhrkamp.
Figge, H. H. (1973). *Geisterkult, Besessenheit und Magie in der Umbanda-Religion Brasiliens.* Freiburg, München: Verlag Karl Alber.
Figge, H. H. (1980). *Beiträge zur Kulturgeschichte Brasiliens. Unter besonderer Berücksichtigung der Umbanda-Religion und der westafrikanischen Ewe-Sprache.* Berlin: Reimer.
Folkman, S. & Moskowitz, J. T. (2004). Coping: pitfalls and promise. *Annual Review of Psychology,* 55, 745–774.
Grawe, K. (2000 [1998]). *Psychologische Therapie* (2. Aufl.). Göttingen, Bern, Toronto, Seattle: Hogrefe.
Grawe, K. (2005). (Wie) kann Psychotherapie durch empirische Validierung wirksamer werden? *Psychotherapeutenjournal,* 1/2005.
Hörbst, V. (2008). *Heilungslandschaften – Umgangsweisen mit Erkrankung und Heilung bei den Cora in Jesús María, Mexiko.* Berlin: LIT.
Kelman, H. (2006). Interests, relationships, identities: three central issues for individuals and groups in negotiating their social environment. *Annual Review of Psychology,* 57, 1–26.
Kleinman, A. (1996). How is culture important for DSM-IV? In J. Mezzich, A. Kleinman, H. Fabrega & D. Parron (Eds.), *Culture and Psychiatric Diagnosis* (pp. 15–25). Washington, DC: American Psychiatric Press.
Knoblauch, H. (2001). Fokussierte Ethnographie. *sozialersinn. Zeitschrift für hermeneutische Sozialforschung,* 1, 123–141.
Krippner, S. (2000). Transcultural and psychotherapeutic aspects of a Candomblé practice in Recife, Brazil. In S. Krippner & H. Kalweit (Hg.), *Jahrbuch für Trans-*

kulturelle Medizin 1998/1999 (S. 67–86). Berlin: Verlag für Wissenschaft und Bildung.

Kubik, G. (1991). *Extensionen afrikanischer Kulturen in Brasilien.* Aachen: Alano.

Moscovici, S. (1984). The phenomena of social representations. In R.M. Farr & S. Moscovici (Hg.), *Social Representations* (S. 3–69). Cambridge: Cambridge University Press.

Otten, T. (2006). *Heilung durch Rituale. Vom Umgang mit Krankheit bei den Rona im Hochland Orissas.* Münster: LIT.

Pantke, C. (1997). *Favelas, Festas und Candomblé. Zum interkulturellen Austausch zwischen Afro-Brasilianern und Touristen im Rahmen kultischer und profaner Festveranstaltungen in Salvador da Bahia.* Unveröffentlichte Dissertation, Freie Universität Berlin.

Pargament, K.I., Koenig, H.G. & Perez, L.M. (2000). The many methods of religious coping: development and initial validation of the RCOPE. *Journal of Clinical Psychology, 56* (4), 519–543.

Scharf da Silva, I. (2004). *Umbanda. Eine Religion zwischen Candomblé und Kardecismo – Über Synkretismus im städtischen Alltag Brasiliens.* Münster: LIT.

Scheier, M.F. & Carver, C.S. (1992). Effects of optimism on psychological and physical well-being: theoretical overview and empirical update. *Cognitive Therapy and Research, 16,* 201–228.

Sjørslev, I. (1999). *Glaube und Besessenheit. Ein Bericht über die Candomblé-Religion in Brasilien.* Gifkendorf: Merlin.

Snyder, C.R., Harris, C., Anderson, J.R., Holleran, S.A., Irving, L.M., Sigmon, S.T., Yoshinobu, L., Gibb, J., Langelle, C. & Harney, P. (1991). The will and the ways: development and validation of an individual-differences measure of hope. *Journal of Personality and Social Psychology, 60:* 50–585.

Snyder, C.R. & Lopez, S.J. (2007). *Positive Psychology. The Scientific and Practical Explorations of Human Strenghts.* Thousand Oaks, London, New Delhi: Sage.

Spradley, J.P. (1980). *Participant Observation.* New York: Holt, Rinehart and Winston.

Strauss, A.L. (1998 [1994]). *Grundlagen qualitativer Sozialforschung. Datenanalyse und Theoriebildung in der empirischen soziologischen Forschung* (2. Aufl.). München: Fink.

Whyte, S.R. (1989). Anthropological approaches to african misfortune: from religion to medicine. In A. Jacobson-Widding & D. Westerlund (Eds.), *Culture, Experience, and Difference. Essays on African Ideas of Illness and Healing* (pp. 289–301). Uppsala: Almquist & Wiksell International.

Wiencke, M. (2009 [2006]). *Wahnsinn als Besessenheit. Der Umgang mit psychisch Kranken in spiritistischen Zentren in Brasilien.* Berliner Beiträge zur Ethnologie, Bd. 18. Berlin: Weißensee Verlag.

Wiencke, M. (2011). *Kulturen der Gesundheit. Sinnerleben im Umgang mit psychischem Kranksein. Eine Anthropologie der Gesundheitsförderung.* Bielefeld: transcript.

Witzel, A. (1989 [1985]). Das problemzentrierte Interview. In G. Jüttemann (Hg.), *Qualitative Sozialforschung in der Psychologie* (2. Aufl., S. 227–255). Weinheim: Beltz.

Wulf, C. (2005). *Zur Genese des Sozialen. Mimesis, Performativität, Ritual.* Bielefeld: transcript.

Wulf, C. & Zirfas, J. (2001). Das Soziale als Ritual: Perspektiven des Performativen. In
C. Wulf, B. Althans, K. Audehm, C. Bausch, M. Göhlich, S. Sting, A. Tervooren,
M. Wagner-Willi & J. Zirfas (Hg.), *Das Soziale als Ritual. Zur performativen Bildung von Gemeinschaften* (S. 339–347). Opladen: Leske + Budrich.

Wulff, E. (1992). Zur Konstitution schizophrener Unverständlichkeit. Beitrag zu einer
subjektkonstruktivistischen Theorie des »Wahnsinns«. *Forum Kritische Psychologie*, 30, 6–28.

Zaumseil, M. (2011). Vorwort. In M. Wiencke, *Kulturen der Gesundheit. Sinnerleben im
Umgang mit psychischem Kranksein. Eine Anthropologie der Gesundheitsförderung* (S. 7–11). Bielefeld: transcript.

The manufacturer's authorised representative in the EU is Springer
Nature Customer Service Centre GmbH, Europaplatz 3, 69115 Heidelberg,
Germany. If you have any concerns regarding our products, please
contact ProductSafety@springernature.com

Printed and bound by CPI Group (UK) Ltd, Croydon, CR0 4YY
24/04/2026
02096334-0004